独角兽青少年普法美绘系列丛书

校园欺凌 让我们携手说NO

赵利民 著
畅强 绘

中国出版集团
研究出版社

图书在版编目（CIP）数据

校园欺凌 ：让我们携手说 NO / 赵利民著 . -- 北京 :
研究出版社，2021.6

（“独角兽”青少年普法美绘系列丛书）

ISBN 978-7-5199-1011-2

Ⅰ . ①校… Ⅱ . ①赵… Ⅲ . ①校园 - 暴力行为 - 预防
- 青少年读物 Ⅳ . ① G474-49

中国版本图书馆 CIP 数据核字 (2021) 第 087889 号

校园欺凌：让我们携手说 NO

研究出版社 出版发行
（100011 北京市朝阳区安华里 504 号 A 座）

北京赛文印刷有限公司 新华书店经销

2021 年 6 月第 1 版 2021 年 8 月北京第 2 次印刷
开本：710 毫米 ×1000 毫米 1/16 印张：9.75
字数：53 千字

ISBN 978 - 7 - 5199 - 1011 - 2 定价：39.80 元

邮购地址 100011 北京市朝阳区安华里 504 号 A 座
电话（010）64217619 64217612（发行中心）

序言 Preface

校园欺凌有多普遍，伤害有多深？在我们身边或轻或重的校园欺凌事件时有发生。特别是近年来媒体上公开报道的一些校园欺凌事件，大都配有事件发生时的图片和视频，欺凌者手段之残忍、对生命之漠视，超出人们的想象。

当我们带着恐惧和忧虑来到学校，当我们为了躲避嘲弄和攻击而装病在家，当我们花费大量精力去处理这些人际关系时，用于学习的精力自然就会减少，不良的情绪也会一直伴随着我们成长。特别是当我们遇到恶劣殴打、网络欺凌等更加暴力的欺凌行为时，很可能会改变我们对人生的认知，甚至让我们对生活和生命产生怀疑。

你知道吗？在欺凌行为中，没有谁是受益者，只有受害者！不管是欺凌者、附和者，还是默默走开的旁观者。并且欺凌者的角色很可能会随时转换，参与其中的所有人都将受到极大的伤害和影响。欺凌者必须反思自己的行为，被欺凌者一定要学会自我保护和及时而正确地处理面对的困境，旁观者决不能幸灾乐祸甚至成为帮凶。只要我们携起手来，共同面对校园里的欺凌者，必将扑灭他们的嚣张气焰。

作为一名正在成长中的青少年，经历一些挫折在所难免。但是，对人性和人格的伤害，是我们不可承受之重。我们在寄希望于社会、学校、家庭等外界力量，阻止校园欺凌行为发生的同时，一定要学会保护自己，当欺凌发生时，第一时间作出恰当的反应。

正确认识、有效预防校园欺凌，是每个青少年都可能面临的一道人生课题。我们无法回避！这本书将告诉我们关于校园欺凌的一切。让我们跟随“独角兽”叮当和皮皮猫一起探究和学习如何预防欺凌事件发生。

但愿我们的世界里只有爱，没有伤害！

目录 Contents

“独角兽”叮当的自白

我叫叮当，拥有一双智慧的大眼睛，长着一个和中国法治神兽獬豸一样的犄角，满身正气和正能量。我跟大家一样，对于一些事情有些懵懂，但是敢于提出自己的想法。我的身边也充满了正能量。

皮皮猫的自白

我叫皮皮猫，活泼俏皮，平时喜欢在一旁悄悄地观察，高兴时一手托着腮，一边翘起尾巴摇啊摇。我的本性就是好奇，但我的口头禅却是：“皮皮很懂的！”

1

你身边发生过校园欺凌吗?

近几年来，令人揪心的校园欺凌事件发生后，家长、老师、媒体工作者等社会各界人士，都会谈论恶劣的校园欺凌事件发生的原因和危害，以及如何杜绝此类事件的发生。为了遏制校园欺凌事件，国家相关部委以及北京市、广东省等也相继专门出台了保护性条例。

形成强烈反差的是，大家谈“虎”色变的同时，作为欺凌事件的当事者，却在刻意回避。不管是欺凌者还是被欺凌者，他们都不乐意谈起这些事件，就好像这一切从来没有发生过。

在几乎所有此类事件中，欺凌者们从来不认为，也不承认自己欺负过别人！如果有人问起，他们会辩解说这些仅仅是同学之间“闹着玩”的小事，为什么要大惊小怪，与老师和家长有什么关系？你们管得着吗？

2017年，发生在北京市中关村某小学的欺凌事件，曾经持续在网上发酵：一名10岁男孩的妈妈在互联网上发帖《每对母子都是生死之交，我要陪他向校园霸凌说NO》，称男孩在学校被同学用厕所垃圾筐扣头、辱骂后，长时间出现失眠、厌食、恐惧上学等症状，后被医院诊断为急性应激反应。男孩的妈妈称，孩子在学校长期受到同学欺凌，从三年级开始就经常被叫侮辱性外号。

更为令人不解的是，此次事件发生后，不仅参与欺凌的同学认为这只是一个玩笑，就连当事方家长竟然也觉得此事“就是孩子淘气”“就是开了一个过分的玩笑”。

这件事之所以在社会上引起广泛的关注和讨论，绝不仅仅是男孩受到了难以愈合的心灵伤害，更体现了社会、老师、家长对欺凌行为的认知偏差。

住手！！！

可当哥，那我还真做过旁观者。
旁观者可不是个好角色，也许你会成为下一个受害者，只有团结起来，欺凌者才会远离你！
可是，可是我有点害怕，他们会欺负我！
我来保护你！
啊！有只老鼠！
还说要保护我呢，哼！

什么是校园欺凌

对于校园欺凌，目前还没有统一的定义。一般是指一种特殊类型的攻击行为，通常发生在学校等情境之中，一名或多名学生对另一名或多名学生故意施加伤害的行为，且对被伤害方的身体、心理、财产等造成一定损害。

先从一起进入司法程序的欺凌案件说起。

朱某伙同4名女生在北京某职业学院宿舍楼内无故殴打辱骂2名女生，致二人受轻微伤，其中一人由于精神压力过大无法正常生活和学习，留下了严重的后遗症。

事件发生时，5名女生脱光了一名被欺凌女生的衣服予以羞辱，并用手机拍摄了侮辱、殴打视频，事后在自己的微信群内进行了传播。另一名被欺凌的女生，当天先后被殴打了3次。

由于朱某等5人均未满18周岁，且态度诚恳，承认自己所犯下的罪行，经检察机关提起诉讼，最终人民法院依法从轻处罚，以寻衅滋事罪判处朱某有期徒刑1年，其余4人分别被判处有期徒刑11个月。

令人惊讶的是，此次事件中的5名施暴者对被害人并没有明确的目标和目的，更没有事先预谋，只是因为带头的朱某当天心情不好，“就是想打人”，于是，她与其他4名同学在女生宿舍随意找了两个同学，无故进行了殴打和羞辱。

学校是我们成长的摇篮，大家都希望在安全、友爱的环境里成长，但是校园欺凌却成了“绊脚石”。它具有长期性、隐蔽性、双方强弱关系不对等等特征。具体表现为语言、肢体等直接欺凌行为，还有排斥、孤立、散布谣言等间接欺凌行为。

校园欺凌是一个严肃的社会问题，它与同学之间开玩笑、闹矛盾、冲突打架截然不同。一般的打闹没有恶意，双方只是在具体问题上发生了分歧，但因处理分歧的能力不强或者方式不对，偶尔产生了不愉快。

我们必须引起注意——欺凌不是普通的打架和“闹着玩”，而是极其恶劣的不良行为。欺凌者的出发点就是恃强凌弱、以大欺小、以众暴寡，从而使自己得到一种快感或物质上的满足。

校园欺凌发生的原因

每一起恶劣的校园欺凌事件发生后，人们都会思索，为什么会发生这种匪夷所思的事情。其实，这种极为恶劣的社会问题，有生活环境、家庭教育、学校教育、个人修养等多方面的原因，而且往往由各种因素叠加导致。

歧视——欺凌产生的关键

在现实生活中，很多欺凌行为的发生毫无征兆，令人匪夷所思。相当一部分欺凌事件的发生，起因竟然就是一种无端的歧视。

表现在学习和交往过程中，有人对某人产生了强烈的厌恶和不屑，认为对方存在缺陷，不合群或不值得尊重，认为对方不配和自己交往，不值得受到关怀和照顾，只是一个笑柄或被侮辱嘲弄的对象。于是，欺凌行为就产生了，对方无辜成了欺凌者取笑和嘲弄，甚至实施暴力的目标。

斯凌是无知和傲慢的行为表现，欺凌者的冷漠和残酷是对自我的亵渎。

的确，尊重他人才能获得尊重，尊重他人就是尊重自己！

沉默——持续欺凌的诱因

一般认为，所有的欺凌者都会从被欺凌者的不安和痛苦中得到一定的畸形满足，或者在同伴面前获得“存在感”。第一次欺凌发生后，如果没有被及时制止，而是得到了旁观者的追捧和鼓励，欺凌行为很可能会持续下去，甚至会不断升级。

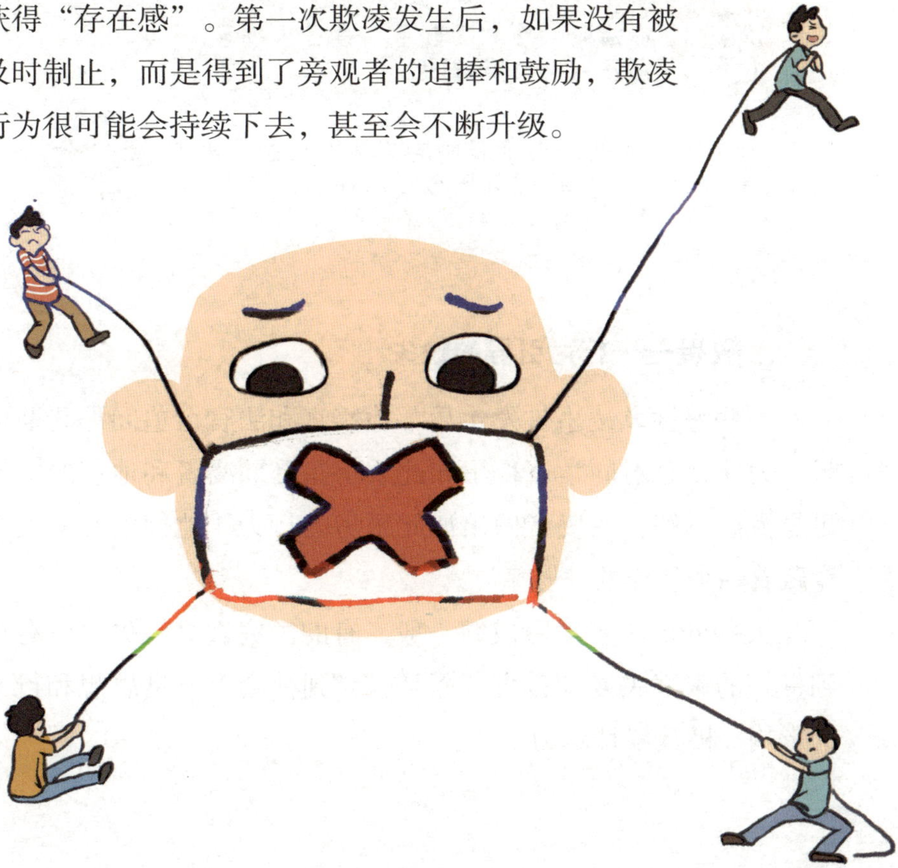

被欺凌者之所以保持沉默，一方面因为他们往往处于弱势地位，或者面对欺凌时无所适从，没有及时做出恰当的反应。另一方面，他们往往期望欺凌者得到一定满足后，会收敛自己的行为，或者以为自己的沉默和忍受可以换来对方的反省。

事实上，沉默往往会助长欺凌继续并反复发生。对于欺凌行为，被欺凌者必须保持“零容忍”，发现不好的苗头时，一定要及时而恰当地有效化解。当自己无法应对时，一定要“告诉”可以依赖的成年人，寻求帮助。

难道我们受到了欺负，自己的痛苦自己扛，也有错吗？

如果处理不当，没有及时制止他人对自己的伤害，“小霸王”们很可能会变本加厉！

敬畏——行为引导的缺失

一些恶性欺凌事件发生后，检察官和法官会追问那些欺凌者，为什么会对同学下得了如此重手？受欺凌者和他们的家长更是大惑不解：欺凌者做出如此恶劣的行为，他们内心深处究竟藏着一个怎样的“魔鬼”？

大部分欺凌者学习成绩一般，有的家庭教育缺失，没有得到良好的家庭关爱和教育。而且，受到社会上不良思想和行为的影响，极其崇拜暴力。

疯长的欲望改变了他们的行为方式，甚至对社会道德和法律缺少最起码的敬畏。为了显示自己的存在感，或者达到心理平衡和宣泄情绪的目的，他们在没有任何借口和预谋之下，仅仅是因为看着对方“不顺眼”、对方穿着异类或是自己心情不好等原因，便大打出手，从而显示自己的存在和地位。

可当哥，我今后要尽快成熟起来，始终做正确的事情，看谁还敢欺负我。

说着容易做着难，但我们大家可以一起努力啊！

这些行为就是校园欺凌

究竟哪些行为是校园欺凌行为？对此存在不同的认识和定义。“身体受到一定伤害、反复地被欺负才是遭遇校园欺凌”，这种理解显然十分草率和不负责任。随着社会的发展，以及人们对校园欺凌行为认识的不断加深，偶尔的伤害、语言刺激、网络攻击等，都已成为校园欺凌的表现形式。与传统观念相比，中外学者认为校园欺凌一般主要有四种表现形式：

偶尔一次性的伤害

在校园生活中，可能有人因为一句话、一件不起眼的小事，曾经对身边的同学恶语相加，甚至进行过肢体上的威胁。有时候，即使是关系要好的同学，在不经意间也说过、做过伤害自己的事情，这种偶尔的一次性的伤害就是欺凌行为。

如果我们调节能力强、处置得

当，这些行为一般不会对我们造成太大的影响或伤害。但是，有一些受欺凌者即使是“一次偶尔的伤害”，也很难及时调整自己，甚至会产生长久的羞辱感和不安，留下一生的阴影。

对弱势者的欺侮

所谓欺侮，一般是指一个个体被他人挑选，并作为反复攻击目标的行为。受欺侮者往往比参与攻击的人弱小，或者有一定的自卑感。欺凌者往往在力量、人数等方面处于强势地位，他们会针对性地选择一些相对弱小的个人或群体实施欺凌。现实生活中，还有一些处于弱势的同学为了加入一些群体，或者为了参加一些活动，或者为了被周边同学接纳，违心地“乐意”接受欺凌，对一些恶意行为表现出“接受”的姿态。

我们必须澄清：“他自己乐意接受”绝对不是被欺凌者内心真实的表达，更不是欺凌者们冠冕堂皇实施欺凌的借口。

反复的恶意伤害

当欺凌者发现自己的行为没有受到惩罚，甚至得到了一些旁观者的附和和赞赏，而且被欺负的人又默不作声时，他们的胆子就会越来越大，甚至感觉得到了某种奖赏。此后欺凌行为会惯性般延续，伤害程度也会不断升级。

这种建立在力量不对等、事实上造成了重复性伤害的行为极其恶劣。一步步发展和蔓延的欺凌行为，会对被欺凌者产生更大的困扰和伤害，受伤的身心更难恢复和愈合。

数码攻击行为

近年来随着网络的发展，特别是移动终端的普及，利用数码产品实施的伤害越来越多。网络欺凌具有极强的隐蔽性和持续的伤害性，而且形式和手段不断翻新。比如，利用手机、Ipad、电脑，通过微信、邮箱、聊天室、直播间、网络游戏等方式和手段，实施的起外号、散布谣言、集体围攻、恐吓、威胁等各种欺凌行为越来越常见。由于其传播的广度和便捷性，具有身份隐蔽、行为认定困难、追究责任取证难等特征。这些特征使数码攻击行为有恃无恐，给被欺凌者造成极大的不安和伤害。

网络游戏带来的不良影响也不容忽视：有人模仿游戏中的暴力角色制造极端事件，有人在游戏中利用段级对他人实施攻击。他们通过虚拟场景培养了自己暴力和冷漠的性格，对自己的不良行为不再有正确的认知和判断，对他人缺乏同情心，甚至会模仿游戏里的恶劣情节对被欺凌者实施伤害。

我们身边的欺凌行为

在欺凌行为中，欺凌者往往乐于在被害人身上制造极度的恐惧情绪，让他们不敢反抗和请求外界的帮助。发生在学生之间蓄意或者恶意通过肢体、语言及网络等手段，实施欺负、侮辱造成伤害的校园欺凌事件并不罕见。

◆给对方起“外号”。叫被欺凌者侮辱性绰号，特别是对身体肥胖、有肤色差异或者身体有一定缺陷的同学。

◆在有意或者无意间，通过语言、肢体、网络等方式中伤、讥讽、贬低被欺凌者的体貌、性取向、宗教、种族、国籍、家人等。

◆为了好玩，或者达到诋毁的目的，制造和传播关于被欺凌者的谣言，最终达到诋毁对方形象和人格的目的。

◆进行社交欺凌。通过一定手段拉拢他人结成“小团体”，在壮大自己势力的同时，达到孤立、抵制或排挤他人的目的。

◆进行财物欺凌。以各种形式干涉被欺凌者的个人财产，包括教科书、服饰、日常用品等，通过损坏这些物品以达到羞辱被欺凌者的目的。

◆对力量较弱者，采用恐吓、胁迫等手段，使被欺凌者做不想做的事情，进而威胁被欺凌者听从自己的命令，成为自己的帮凶。

◆对受害者进行重复性的物理攻击。采用拳打脚踢、掌掴拍打、拉扯头发等极其恶劣的手段，对被欺凌者实施暴力行为。

准确识别校园欺凌

“老师，我们几个只是开了个玩笑，并没有欺负他。”当校园欺凌发生后，欺凌者的辩解大都如出一辙。了解并掌握欺凌行为的要素，才能有效处理并防止欺凌行为的发生。

无论是明目张胆的还是含蓄狡猾的，无论是突发的还是蓄谋已久的，无论是现实的还是网络的，无论是个体实施的还是群体行为的，欺凌行为都包含以下几个要素：

双方力量的不对等

双方的力量不均衡，是产生欺凌的要素之一。欺凌者通常在身体力量、人数或人际关系等方面处于绝对优势地位，使受害者在受到欺凌时不敢或不能有效地保护自己。欺凌行为一般是力量相对较强的一方对力量相对弱小或处于劣势的一方进行的攻击行为。

也就是说，欺凌者不仅在力量上，而且在社交关系、影响力等方面都处于一定的优势地位，认为自己可以控制、影响被欺凌者，这也是他们肆无忌惮的重要原因之一。

旨在进行伤害

欺凌行为中，欺凌者会给被欺凌者造成巨大而持久的伤害。偶尔发生或者蓄意进行的排斥、嘲弄、凌辱以及轻微的“起外号”欺凌行为，都会对被欺凌者的身心健康造成巨大的影响和伤害。

这些建立在伤害基础之上的任何一种行为，都是校园欺凌。在这一过程中，欺凌者自鸣得意、得到一定程度的满足，但并没有意识到这也会给自身带来巨大伤害。比如，对自己人生观造成极大的消极影响，而且其行为极易引发重大伤害事件，触犯国家法律。

重复性与进一步地侵害

重复性，是指在一部分欺凌事件中，欺凌者持续对被欺凌者实施伤害，而被欺凌者在一段时间内重复性地遭受攻击。大量案例表明，如果轻微的欺凌行为没有被及时有效地制止，很可能会助长欺凌者的行为，从一般的言语霸凌发展到更严重的身体欺凌。

善良、谦让或者忍让，会促使欺凌行为反复发生。当我们认定对方的举动是欺凌行为时，绝不能一味退让。

在长期的校园生活中，我们会碰到和面对很多意想不到或者自己之前没有碰到过的事情，此时我们不能手足无措，而是应当及时做出正确的判断，这是有效处理事情的前提。

在校园生活中，同学之间难免会有一些磕绊，我们难道不能打打闹闹了吗？当然不是这样。下面的内容可以进一步帮助我们辨别欺凌行为。

调侃不属于欺凌，而嘲弄属于欺凌

调侃——往往发生在朋友和同学之间，没有主观伤害的意图。有以下特点：

◎双方可以随时互换角色，而不引起反感。

◎调侃的动机极其单纯。

◎以相对快乐、巧妙，而且非常容易接受的方式进行。

◎在调侃过程中，双方获得的是快乐的感受。

◎当被调侃者感受到一定程度的不适时，调侃行为能够及时中止，而且能够取得对方的谅解。

嘲弄——一方以各种方式欺凌轻视对方，给对方带来了极大的屈辱和羞耻感。有以下特点：

◎是一种单方行为，不是双方都有的行为。

◎一方主观动机恶劣，使对方感到屈辱。

◎被嘲弄者明显感觉到对方咄咄逼人的气势，并且在这种氛围的压力下可能会造成身体上的伤害。

◎当被嘲弄者因感受到伤害而表现出明显的拒绝时，对方的行为不但不停止，反而变本加厉，甚至呈现出攻击性。

如果你发现，一大群孩子都在开怀大笑，其中只有一个孩子低头默不作声，或者是在啼哭时，这肯定就是嘲弄了！因此，调侃不属于欺凌，而嘲弄属于欺凌。

言语失当属于欺凌吗？

在同学之间的交往中，没有把握好语言尺度，因一个不同的意见或者见解，一方争执声音较高，或者不经意间出现较为难听的“脏话”，可以被视为言语失当。

这种常见的交往失当行为，不是恶意的伤害行为，而且没有重复发生的可能，双方也很容易化解，这种行为不应被定性为欺凌行为。

一般的冲动行为属于欺凌吗？

在交往过程中，我们有时会碰到一方十分冲动，比如使用了较大的肢体动作。这种自发的、并非蓄意的冲动行为，一般是自然情绪的应激反应。

我们难免会碰到一些争吵和纠纷，甚至较为严重的冲突。可以说，这种行为大部分是自然发生的，有时很难控制。我们要正确面对，用温和、非暴力的方式正面解决。因此，一般认为此类行为也不是欺凌行为。

2

校园欺凌事件中的“角色”

关于校园欺凌事件中的“角色”，一般认为有欺凌者、被欺凌者、协助者。其实，还有一些极易被大家忽视的角色——悄然走开的旁观者、附和者、反抗者等。他们都是欺凌行为的参与者，他们直接或者间接、有意或者无意参与到了欺凌行为之中。

在此，我们必须廓清两个认知：一是欺凌行为的角色会随时转换，欺凌者可能随时成为被欺凌者，旁观者也很容易成为欺凌者或是被欺凌者。二是所有的校园欺凌事件中，不仅被欺凌者受到伤害，所有参与者都是受害者，只是受到伤害的方式和程度不同而已。可以说，校园欺凌事件中没有受益者。

欺凌行为的参与者

如何辨识校园欺凌事件中的“角色”？让我们从图画中展示的内容，分析一下这起欺凌事件中的不同角色。

从亚明的一天中，我们可以发现每个人都在扮演着一个角色，细细观察你会发现：

性格内向、不太喜欢讲话的张浩就是被欺凌者。

强势的亚明就是个喜欢欺负同学的欺凌者。

小军虽没直接参与欺凌，但却在教室门口把风，充当了协助者。

喜欢耍小聪明的小豪就是那个附和者他目睹了所有的欺凌行为并且通过嘲笑、起哄的方式鼓励欺凌行为。

长相美丽的月月成为了这次事件的旁观者她自始至终见证、目睹了欺凌的整个过程，却没有采取任何劝阻、施救措施，而是默默地走开了。

校园欺凌事件中的角色定位

欺凌者：发动欺凌行为，有时会带领其他同学参与其中。

被欺凌者：被欺负的受害者。

协助者：通过压制被欺凌者、放哨等方式协助欺凌者，他们也很可能参与推搡、拉扯等行为，或者瞅准时机攻击受欺凌者。

附和者：通过大笑、起哄、呐喊助威等方式，怂恿欺凌行为的发生和发展。他们的鼓励和附和，无形中鼓励了欺凌者的行为。

反抗者：具有正义感，试着安慰及支持受害者，尝试制止欺凌行为。

旁观者：或远或近地目睹了欺凌行为的发生过程，却以事不关己远离事端的心态没有做出任何反应，或者默默地走开。

欺凌角色的“反转”

社会学家认为，在每一起欺凌事件之中，欺凌过程都蕴藏着一个复杂的互动和变化过程。我们放大整个欺凌事件的事实和时空，可以清楚地发现欺凌行为存在着角色之间的转换。

即，通过一段时间的发酵，在心理、人格、动机等多重因素叠加影响下，在一定条件和因素促使下，欺凌者往往可能成为被欺凌者，被欺凌者转化为欺凌者，附和者也很可能成为欺凌者或是被欺凌者，那些悄然走开的旁观者，也可能会受到极大的心灵冲击，而长时间留下心理阴影，在一定条件下很可能会成为欺凌行为的直接参与者。

在任何一起校园欺凌事件中，没有谁是受益者，大家都是受害者！那些自鸣得意的欺凌者，下一次可能就会变成被欺凌的对象！

在校园欺凌中，你曾经扮演过什么角色呢？

可当哥，让我先来对号，一、二、三，我好像几个都沾点边噢！被欺负、旁观，甚至附和别人。唉，太不应该了。

少年懵懂时期，扮演一些不光彩的角色可以理解。但是，以后我们既要学会保护自己不被欺负，更不能做协助者、附和者和欺凌者，否则明天你可能成为一个被欺负的人。

噢，我好像明白了！

丑陋的欺凌者

在欺凌事件中最为恶劣的角色，无疑是欺凌的实施者，他们是最不光彩的角色，是需要全社会对其进行批评，甚至谴责和强制管教的暴力实施者。我们每一个人都应当树立高尚的人格，接受社会规则和法律的约束，绝不能为所欲为。

仔细分析一些校园欺凌案件会发现，欺凌者也分为不同的类型，有的飞扬跋扈，目空一切；有的极其恶劣，拳头是他们的重要武器；当然，还有的平时在家长和老师眼里是“乖乖娃”，但离开成人的视线后成为了同学们眼中的“魔鬼”。

你绝不该扮演的角色

◎跋扈的欺凌者

这类欺凌者常常具有张扬的个性、极度膨胀的自我意识和控制欲。大部分时间，他们会利用一切机会表现自己，用尽一切手段在同学面前树立所谓的威信。对于被欺凌对象，缺乏起码的同情心，轻则以语言实施欺凌，重则采取暴力手段体现自己的存在。

◎残暴的欺凌者

因受社会和家庭的不良影响，他们往往性格偏执，很少喜形于色。平时他们将自己的本性深埋于内心，报复心深藏不露，具有极大的欺骗性。但是，当他们感觉时机成熟时，对方一句话或者一件极小的事情，都可能使其本性暴露，进而对他人拳打脚踢。

◎善于伪装的欺凌者

此类欺凌者具备一定的能力和影响力，在老师和家长眼中是“好孩子”，平时善于伪装自己，而且学习成绩不差，身边有一些追随者。他们可能会有计划性地选择欺凌对象，以言语伤害、网络欺凌为主，他们的行为极具隐蔽性。他们的危害性会持续很长时间，而且很容易被大家忽视。

◎群体欺凌者

一群自认为“志同道合”的同学，因各种不同目的纠合在一起，为了好玩或者获得财物等原因，对想要排斥或者加害的目标一起实施欺凌。他们往往有意或者无意地形成分工，有的负责组织，成为带头者；有的积极主动参与捉弄、折磨，成为协助者；还有的“唯恐天下不乱”，在一旁起哄甚至偶尔参与其中，成为附和者；这类群体欺凌者，很容易形成可怕的团伙、帮派，在校园内形成恶劣的影响。

他们为什么成了一名欺凌者

◎成长环境影响

成长环境不同，对每个人的影响也大不同。如果成长在一个充满争吵、暴力的家庭，或者长时间身处一个比较混乱的环境，在潜移默化中会影响到一个人的道德标准和行为规范，如果一些不当行为没有得到及时提醒和纠正，久而久之他们会认为一切不当行为都是理所当然。

◎具有暴力倾向

有的人从小养成了飞扬跋扈的性格，喜欢指使他人，性格中具有极强的暴力倾向。特别是一些喜欢玩网络暴力游戏的少年，在与他人交往中，容易表现出一定的攻击性和挑衅性，一旦碰到冲撞和反抗想到的便是自己的“拳头”。

◎曾经受到伤害

伤害很容易改变一个人的世界观。被欺凌伤害过的同学，身心都受到了极大的冲击，他们往往在长时间的痛苦之后，小心翼翼地试着改变自己的“角色”，有可能成为下一名欺凌者，把自己曾经的痛苦，用同样的方式强加到比自己弱小的同学身上。

◎结交社会不良群体

一些因种种原因而辍学在家的同龄人，在社会上沾染了各种不良习气，约架、偷盗、沉迷于网络世界、欺凌是他们生活的全部。一旦与这些社会不良青年沾上边，很容易受到影响，沾染上不良习气。有些人甚至与社会不良青年纠合在一起，欺凌自己的同学。

欺凌者的典型特征：

无辜的被欺凌者

在欺凌事件中，受到最大伤害的是直接受到排挤、谩骂、侮辱、打骂的被欺凌者，即那些在学校经常或频繁地遭受他人欺凌的同学。他们往往处于弱势，因为某些原因，甚至无缘无故地成为了被攻击的对象，身心受到极大伤害。

没有人应当受到欺侮

有些人错误地认为，被欺凌者弱小、不善于表达、不喜欢交朋友、有身体缺陷等，都是被欺凌的重要原因。其实，所有人都应当明白，“没有人应当受到欺凌”。如果总有人抱着上述不健康甚至偏激的想法，那我们身边的欺凌行为永远都会存在。

在长时间的煎熬之下，被欺凌者可能会陷入深深的自责，认为是自己无能才招致欺凌，进而会自暴自弃，“全是自己的错”“这么多人不理我，是我自己的无能造成的”。其实“我们绝不应该被伤害，这一切都是欺凌者不对”，当受到欺凌伤害时，我们一定要理直气壮地与对方做斗争，千万不要简单地归结为是自身原因造成的。

谁容易成为被攻击目标

身体弱小的同学：当进入一个全新的环境时，一些年龄小和身体相对弱小的同学，很容易被确定为欺凌的潜在目标。

身体有先天缺陷的同学：个别身体有先天缺陷的同学，自身往往有一些自卑感，很容易成为欺凌者选择的对象。

有明显特征的同学：胖瘦、高矮、口吃等，都可能成为欺凌者起“外号”和嘲笑的理由，而且这种欺凌可能存在很长时间。性格内向、不善交往的同学不善于在公共场所表达自己，面对复杂的社交时往往手足无措，他们自身安静、谦逊、敏感的性格可能助长欺凌者的气焰。

家庭关系复杂、受过心理创伤的同学：因为家庭关系紧张、受到过伤害等原因，从而产生一定的自卑感，很容易被欺凌者盯上。

生活节俭、穿着朴素的同学：有一些同学由于生活拮据等原因，可能会远离花费大手大脚的同学；或者由于穿戴较为朴素，而受到排挤、嘲笑或欺负。

学习成绩好、经常受到表扬的同学：一些同学的出色表现也容易被欺凌者妒忌，一些心怀不满者往往会找机会打击优秀者。

不可忽视的间接参与者

在一起欺凌事件中，有人起哄、旁观；有人看到与自己无关后悄悄走开；也有人拿出手机进行拍照，上传至网络。

这些旁观者可能没有意识到，自己实际上已经卷入了这起欺凌事件当中，成为欺凌的间接参与者，推动了欺凌行为的发展。更为重要的是，他们没有意识到自己的介入很可能会阻止欺凌的发生和发展，但他们却选择了回避。

没有无辜的局外人

欺凌行为中的协助者、附和者、旁观者，他们或者站岗放哨，或者言语助阵，或者转身离开，还有人拿出手机录像，成为欺凌事件的传播者。国外学者认为，协助者、附和者、旁观者都是欺凌事件的间接“帮凶”。

在校园欺凌事件中，即使没有成为帮凶，但当你转身离开现场时，你的行为已经无形中助长了欺凌者的气焰，成为了欺凌者获得存在感、快感的参与者。而且，那些不忍直视的欺凌行为，很可能会加深你对欺凌现象的麻木态度，甚至会让你形成长期的消极情绪。

也许你曾经参与欺凌

给同学起过“外号”，甚至在无意间随声附和他人叫同学外号。

与同学开过激、有损人格的玩笑。

面对校园欺凌，你无意当了一回欺凌的旁观者。

碰到欺凌行为时，你冷默地拿起手机拍照，充当了恶劣事件的传播者。

我们应该拉直的问号

欺凌者，你完全可以改变自己

人类没有高低贵贱之分，即使对方有一些行为不妥或者身体缺陷，我们也没有权利看低或者欺凌他们。

控制自己的不良情绪。如果你不幸养成了容易急躁的性格，一定要学会控制自己的情绪，即使是对方做错了什么，我们也不应当以愤怒和暴力面对。当发现自己可能无法控制情绪时，可以尝试离开现场，事后再进行有效沟通。

结交有益的朋友。如果结交不良群体，轻则影响我们的行为方式，重则影响我们的人生观。我们一定要结交积极上进的朋友和同学，远离不良群体。

寻求一定的心理帮助。如果一个人在与他人的交往中有严重的侵略性，那可能是患上了某种心理疾病。我们可以尝试与父母和老师进行深度沟通，甚至寻求心理老师或者专业心理咨询机构的帮助，找到控制情绪的有效方法。

一味躲避，是正确的选择吗?

面对一些无理的“找茬”或者谩骂，我们可以尝试远离那些无聊的纠缠，有意与他们保持一定的距离，避免产生正面冲突。这也是有效防止校园欺凌的有效方法之一。

但是，面对别有用心的欺凌者，如果我们一味躲避，他们“闻到”的是我们胆怯的味道，反而会寻找一切时机实施欺凌。如果其中一次得逞，欺凌行为很可能会变本加厉。

答案是明确的：一味的躲避、抱有侥幸心理的顺从，都不能使欺凌行为停止，反而会使欺凌行为愈演愈烈。

被欺凌肯定有自身原因吗?

每一个人都渴望得到周边人的认可和尊重，谁都没有理由成为被欺凌的对象。我们必须明确，如果我们陷入被欺凌的麻烦之中，这绝对不是我们自身的原因，而是那些无聊的欺凌者的问题。

如果由于种种原因成为被欺凌的潜在目标，我们一定要保持自信和积极向上的朝气，做“自己认为正确的事”，不要对自己产生任何怀疑。

面对欺凌，可以保持沉默吗？

沉默有时可以解决一些社交难题，但是在校园欺凌事件中，被欺凌者的沉默常常被看作是软弱和接受，极有可能遭受更大的伤害。欺凌的反复性特征，决定了沉默不能终止欺凌行为。

不管你是被欺凌者，还是一位旁观者，勇敢而及时地把自己的遭遇或所见告诉能够帮助我们的成年人，防止欺凌事件进一步恶化，是自我保护和保护同学的正确处理方式。

我们在处理如此复杂的情况时，可能走过一段弯路。比如，我们在极难准确判断欺凌行为的情况下，面对家长和老师可能“为了掩盖事实而说了一些谎话”。这绝对不丢人，更不应该成为我们寻求帮助的障碍，我们应当坦率地承认并告知，从而使可信任的人准确而及时地判断事态的严重程度。

3

校园里的“欺凌之殇”

恶劣的校园欺凌事件发生后，大家不禁发问——施暴者为什么会乐此不疲，甚至手段残忍？受侵害者为什么一再忍气吞声，没有及时告知可信赖的成年人？政府部门和学校在不断加强防范措施，此类事件为何依然屡禁不止？作为年轻而涉世不深的我们，又应当如何恰当地面对？

让我们一起剖析一些真实的校园欺凌案例，从中认识和认清校园欺凌事件背后的真相。从而警示并期望麻烦制造者——欺凌者收手，为被伤害的同学提供一些实用的解决方法，减少校园欺凌事件的发生。

欺凌 VS 言语暴力

我们或多或少碰到过这样的情况：有人曾经对我们大声叫骂、起外号、嘲讽等，其实这就是言语欺凌。

言语欺凌是欺凌者使用语言直接对被欺凌者进行伤害。比如：恶意评论和议论他人的外表、穿着、身体缺陷，甚至对他人的行为举止、家庭环境、兴趣受好、父母工作等进行语言攻击。

具体表现为：冲他人大声叫骂、诅咒或嘲笑他人，当面或者背后说他人坏话、起外号、甚至在墙上写一些侮辱性的词语等。

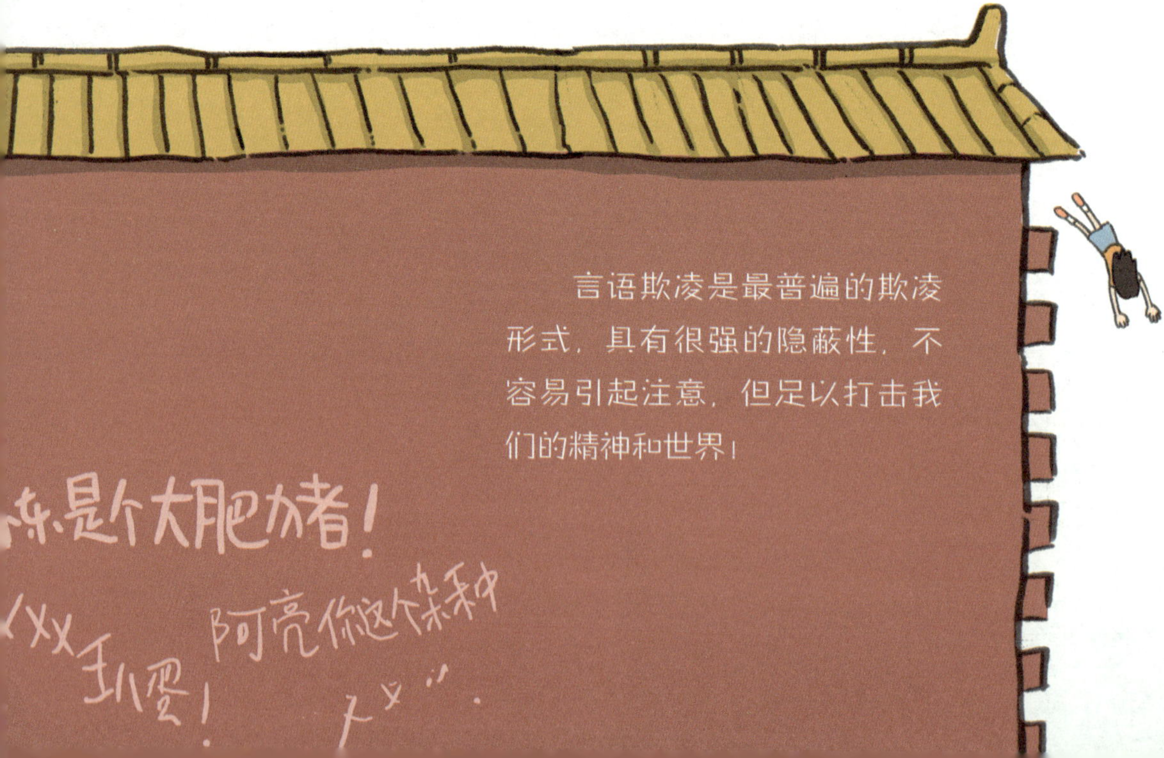

据《中国校园欺凌调查报告》调查显示，言语欺凌是校园欺凌的重要形式，占到了所有欺凌行为的近三分之一。其中，80% 的被访小学生认为，“语言伤害”是最急需解决的问题。

恶毒言语使学霸轻生

三好学生、学习成绩年级第一、学校合唱团指挥、英语能力出众……在家人和朋友的印象里，陈琪琪是“学霸”级的存在，是家长眼中“别人家的孩子”。

而就是这样一个品学兼优的女孩，却在花一样的年龄跳楼坠亡了。陈琪琪死后，其身上的抓痕以及所留遗书、夹在作业本中的字条和课本上留下的只言片语，都把死因指向了校园欺凌。

在陈琪琪的遗物里，琪琪的母亲发现了很多同学威胁性的纸条，一张纸条上写的内容是，“下课后，六楼等你，不见不散”。

在陈琪琪的课本上更是写满了自己对校园欺凌的控诉，“你替她们背黑锅，被她们侮辱，被打，被骂！”“我是欠你钱了，还是吃你家大米了？针对我？啊！”“何必呢，活得这么累，都是一个宿舍的，真当我不知道么，在背后说我坏话？可笑！”“离开这个宿舍”……

在贴吧里，不少人称陈琪琪自杀前被多名同学堵在校门口，陈琪琪身上的抓痕是同学留下来的，而且很早的时候就说过自己要轻生。

检察官释案：

言语欺凌大都是对被欺凌者的容貌、行为习惯、家庭条件、学习成绩等实施“语言攻击”，具有隐蔽性、持续性等特点。言语欺凌会给被欺凌者造成严重的心理负担，特别是对自尊心强、十分敏感、细腻、脆弱的同学来说，很可能一句话、一个眼神、一个不经意的动作，都会在心中留下灰色的印记。

童年的我们都有自己的理想和追求，请那些自以为是的欺凌者收敛你的跋扈，不要以“开玩笑”等理由解释自己的不良行为。你必须认识到，以讽刺、挖苦、揭短、让同学当众出丑等手段对同学进行语言暴力，很可能使被欺凌者心理长期压抑、扭曲，甚至结束自己的生命。

欺凌 VS 网络侵害

你收到过非常糟糕的微信或是在微信群里被故意伤害过吗？你在论坛、微博、抖音等社交媒体里看到过对自己不利的信息吗？随着信息技术的广泛应用，网络欺凌现象日益严重，其产生的影响持续性更长、范围更大。

网络欺凌是指有人故意利用现代网络交往方式或媒介，通过社交媒体等网络途径，对他人进行反复地骚扰、取笑或者侮辱。可是，大家要知道，欺凌就是欺凌，不管它发生在哪里。

网络欺凌行为包括恐吓、威胁、跟踪、嘲弄、羞辱、讥讽和散布谣言。比如，利用手机、电子邮件、网页、微信、微博、QQ 群、直播平台、网络游戏交流空间等途径，发送下流的话语、低俗的照片等，网络欺凌还包括人肉搜索、网络诋毁等行为。

持续 10 年的网络欺凌

浙江省温岭市的王苗家境普通，2008 年考入浙江省温岭市某著名中学。她长相甜美，从小成绩优异，十分自信，进入中学后一直处在班级前几名。

没有想到，这一切被一个杯子打破了平静。2009 年 2 月，两个同学不小心打碎了王苗的一个杯子，王苗的同桌开玩笑说这个杯子值 300 万元。结果这句话被人发到学校的百度贴吧上，说王苗要对方赔 300 万元。此事越描越黑，贴吧上不断出现相关评论："她家里是亿万富翁，小学就整容，男朋友成群，却丑陋、老土，用老人机，真是神一样的奇葩女子，简称'神女'。"

攻击性的言论在学校百度贴吧里蔓延，几千名学生参与围观，无数人涌入王苗的 QQ 空间，留言极尽嘲笑。有一次，甚至传言她被一个学姐打了十几个耳光，并被谣传成妓女。如果有人敢帮王苗，就会一起受到欺负。在极度压抑的环境下，王苗得了抑郁症，一度休学，并且数次企图自杀。

经过不断自我调整和努力，王苗勉强上了一所大学，没有想到依然有人在网上攻击她，甚至现实生活中被人认出，当面进行欺凌。后来，她上微博会受到攻击，有孩子后上母婴网站被攻击，上知乎照样被攻击，甚至有人发帖称她“下海”当了“女优”。欺凌从网上到线下一直没有停止，持续了近十年。

忍无可忍，王苗终于拿起法律武器维护自己的权利，将当时的学校网贴管理员——带头诽谤者，起诉到了法院。2018 年 4 月 12 日，法院一审判决被告人拘役三个月。

检察官释案：

网络欺凌具有明显的特性：故意性，网络欺凌不是意外发生的，而是精心策划的有意识的行为；伤害性，网络欺凌行为会使被欺凌者感觉耻辱、痛苦或者极度恐惧；反复性，针对同一个人的恶意信息反复出现，或者进行转发、疯狂评论。

网络不是法外之地。近几年我国相继出台了互联网信息管理法律法规，不断加大对非法信息的打击力度。其中，2013年最高人民法院、最高人民检查院出台《关于办理利用信息网络实施诽谤等刑事案件适用法律若干问题的解释》，其中规定，“同一诽谤信息实际被点击、浏览次数达到5000次以上，或者被转发次数达到500次以上的”，应当认定为诽谤行为“情节严重”，可以追究刑事责任。

欺凌 VS 社交孤立

在校园生活中，你碰到过有人故意疏远、不让我们参加某项活动的事情吗？其实，这就是一种欺凌，定义为社交欺凌或者关系欺凌。社交欺凌是指同学、朋友之间的关系，被一些人故意离间破坏，从而造成当事人社交上的孤立。例如：几个人相约故意不理他人，通过散布、制造谣言疏远他人，阻止某人加入社团或参加社会活动等。

社交欺凌会使受害者感觉到非常孤独和无助，常常对自己的一些正常行为产生怀疑，自信心和自尊心都会受到极大打击。与此相反，欺凌者们孤立某一同学后，会得到一时的、并且是建立在他人痛苦之上的满足感。

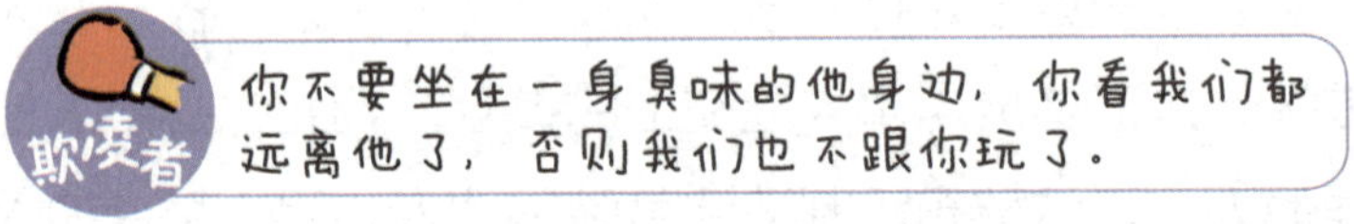

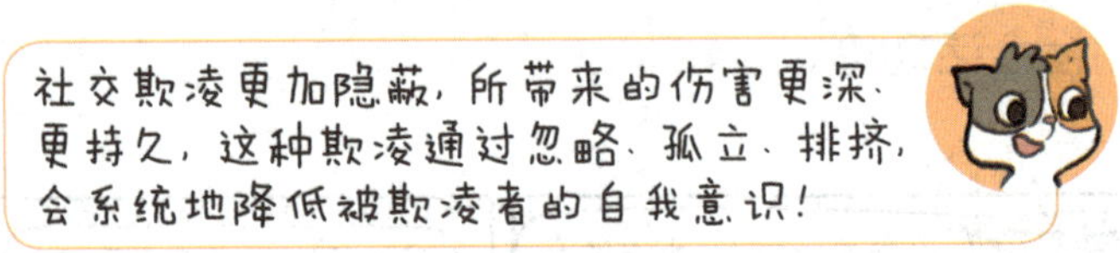

社交欺凌诱发伤人案

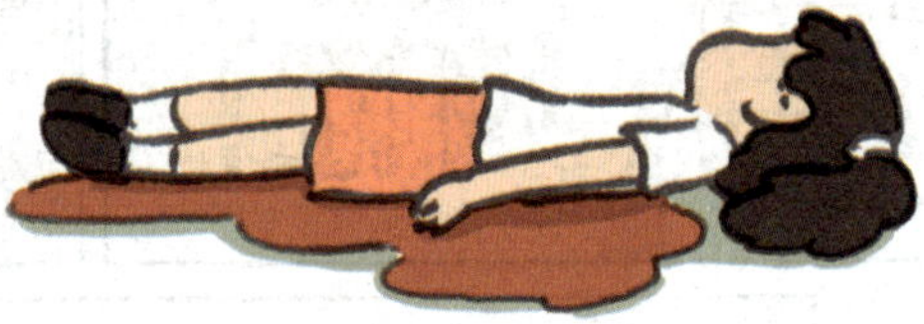

在江苏省常熟市的一所职业学校，阳光帅气的小洋与同班女生小佳谈恋爱后，招致同班女生小芹的反感。为了拆散他们，小芹纠结几位所谓的“朋友”，多次带头孤立、辱骂二人。

面对这种社交欺凌，不想惹事的小洋和小佳步步退让，不想与小芹他们产生正面冲突，也希望此事慢慢过去。但是，情形并没有改观，小芹甚至变本加厉，并开始阻止其他同学接近二人，要求他们远离小洋和小佳，不准与他们说话、交流、外出，不能与二人一起玩耍。

2018年4月12日中午，在教室里再次受到语言攻击的小洋，冲动之下持刀将小芹捅伤。经鉴定，小芹受损伤程度构成人体重伤二级。

此事没有受益者，最终小洋受到了法律的制裁，小芹受了重伤，影响了学业和人生的发展，整个事件的旁观者或者参与者的心灵都受到极大的震撼，长时间处于极度压抑和恐怖的气氛中。

警官释案：

我们在学校生活中，或多或少都接触过社交欺凌问题，有人在背后对我们指指点点，甚至当面说“我们以后不跟你玩了”，还有人进行恶意中伤，通过拉拢同学孤立我们。

社交欺凌可能没有激烈的攻击行为，但是这种一个群体对某一个体进行的“围攻”，产生的影响和危害更为复杂和深刻，会使被欺凌的人感觉没有朋友，甚至长期怀疑自己的存在。

面对这种情况，首先我们不要自我怀疑和否定，但可以思考一下自己是否有“不合群”的行为举止。之后，积极交朋友，摆脱负能量，以阳光健康的形象做好自己的事情。相信只要做好自己，社交欺凌自然会远离我们，我们也不会缺少朋友。

欺凌VS暴力伤害

如果有人不小心推搡、拍打你，对你开善意的玩笑、或者只是下意识的行为，这些不是欺凌。如果他们采取一定手段进行恐吓、伤害，使我们产生恐惧的情绪，包括相互碰撞、踢踹、拉扯、使用管制刀具、棍棒等其他工具攻击我们，冲我们吐口水、挡路、扔东西，抢夺、破坏我们的物品，迫使我们听从他们的指挥，这些行为就是身体欺凌。

身体欺凌是极其恶劣的伤害行为，对被欺凌者造成的伤害极大，有的甚至留下一生的阴影。但是，身体欺凌事件中，施暴者也会受到“惩罚”，他们的人生观、世界观和价值观会慢慢偏离正确的轨道，身边正直的朋友迟早会离开他们，而且随着时间的推移，终有一天他们会为自己曾经的不当行为和给他人造成的伤害而感到深深的不安和羞耻。

你把上衣脱了，让大家看看你穿了什么颜色的内衣。呵呵！快点。

身体上的这种伤害，一定伴随着心理上更大的伤害，甚至成为我们一生的糟糕记忆！

霸凌将我带入梦魇

江西省男孩小帅，六年级时上了当地最好的寄宿学校。本来想好好学习，却没有想到噩梦从此开始了。

一直十分乖巧的小帅没有想到，第一次住校便开始受到一些不公正的对待。他遭到室友们肆无忌惮的欺辱，被脱光衣服、被衣架狠抽、被脚踩脸、被吐口水……最后甚至变本加厉："他们串通好积攒了一周的尿液放在一个盆里，一人躲在厕所，等我进厕所时一下子把整个盆倾倒过来。"

出于恐惧，小帅不敢将这件事告诉老师，"总觉得告密了会被整得更惨"。他也不愿将此事告诉家人，因为生长于单亲家庭的他不想让母亲担心，幼小的他只能默默忍受这一切。

小帅渐渐变得沉默寡言，经常失眠，没办法控制自己的情绪，经常跟母亲吵架，也曾两次尝试自杀。欺凌行为使小帅得了抑郁症，长时间无法摆脱那段梦魇般的日子。

嘿嘿
哎呀！
小子，哪里跑！
啊！
看招！！
给你洗洗脸吧！
看我这次偷袭你！
啊！快放开我啊！

检察官释案：

由于不够刑事责任年龄，实施欺凌的你可能会免于刑事处罚。但是，民事责任不同于刑事责任，如果你的欺凌行为伤害到了其他同学，你或者你的父母需要进行经济赔偿。这会给家庭带来不良影响，以及巨大的经济压力。

我国《刑法》对未成年人犯罪予以从宽处理，但这绝不应成为未成年人犯罪的借口。

《刑法》规定，已满16周岁的人犯罪，应当负刑事责任。已满14周岁不满16周岁的人，犯故意杀人、故意伤害致人重伤或者死亡、强奸、抢劫、贩卖毒品、放火、爆炸、投放危险物质罪的，应负刑事责任。即使达不到刑事责任年龄，我国《治安管理处罚法》也会进行治安处罚，必要时政府会进行收容教育。校园欺凌中的暴力伤害行为，很容易触犯国家相关法律，其当事人也会受到刑事处罚。

欺凌 VS 性伤害

性欺凌是发生在同学之间，或者一些容易接近我们的成年人身上，表现为性语言攻击、有意制造身体触碰等，甚至有强迫脱衣，被迫亲吻等行为。

这类欺凌者通过使用与性相关的语言、动作或其他方式，使被欺凌者感觉到恐惧、羞耻。性欺凌包括散布他人不愿意公开的恋爱行为、性生活谣言，与对方故意产生身体接触，通过网络媒体发布被欺凌者暴露的照片、视频等行为。

近年来，媒体报道的多起性欺凌事件中，都给被欺凌者造成了巨大的身心伤害。一些被害者由于不想公开隐私，或者不知如何保护自己，使欺凌者更加得寸进尺。而且，性欺凌中不仅女生容易受到伤害，也有男生受到严重的侮辱。

裸露照片发到了 QQ 空间

江苏省某市 13 岁的小禾，应邀去游乐园玩耍。到达地点后，没有想到被 5 名女生欺凌。小禾被她们揪住头发，上衣被解开，黑色小背心也被拽下来，还有女生拉扯小禾的内裤。而且，有人在边上进行起哄和录像。

这期间，小禾一直在挣扎和哀求对方放过自己，但是她的呼救没有人理会，招来的是更恶劣的伤害行为。这 5 名女生这么做的理由，竟然是“看你不顺眼就打”。当天晚上，小禾的裸露照片被发到了 QQ 空间，两个小时内被转发了 300 多次。

一场欺凌，5 名少年受害

广东省珠海市的小水和小木等 4 名初中男生到网吧上网时，看到了同学小金，他们怀疑小金偷了他们的打火机，就把小金带到网吧外想“捉弄”他。小木强迫小金做“抽烟”“头顶泡沫箱”“旋转超人”等侮辱性动作，其他二人边笑边骂，小水用手机进行了录像。更为恶劣的是，他们还强迫小金脱掉裤子露出下体，并进行了录像。

一周后，小金得知受辱的视频已被上传至网络后，精神开始变得压抑，无法正常生活和学习，最终选择在家人陪同下报警。此后，小金的病情并未好转，越来越冲动和反常，医院诊断为创伤后应激障碍。之后小金常常自言自语，总觉得别人“在监视他，想害他”，最终被确诊为儿童分裂症。小金在医院治疗 236 天后出院，再也没有回到学校上学。

本来同村的这几家人无冤无仇，但因此事正常的生活彻底被打乱。小金的父母将 4 名涉事少年及父母起诉至法院，请求赔偿医疗费、残疾赔偿金等数十万元。2015 年，在法院调解下双方达成合解协议，4 名涉事少年的父母赔偿小金共计 14.5 万余元。

其间，学校对 4 名涉事少年作出严厉处分，其中二人还被公安机关处罚。他们的家庭为此同样背负了巨大的精神包袱，承受着非议和指责，本应快乐的生活变得压抑，几名少年也不同程度地出现了抑郁、自闭的情况，父母焦急万分。

法官释案：

法官认为，处于青春期的学生往往冲动懵懂，意识不到侮辱、殴打他人的行为是违法的，更意识不到传播暴力、侮辱视频所带来的严重后果。特别是一些性欺凌行为，给被害人带来的伤害短时间内难以愈合。

4名青少年为寻求“刺激”，竟然对小金下体进行录像，并发到了网上，最终结果伤害了无辜的小金，也给自己及家庭带来道德和经济上的双重负担。类似未成年人暴力案件，不管是受害一方还是施暴一方，都是受害者，没有受益者。

欺凌 VS 财物强占

财物欺凌主要是指通过强行破坏、索要同学的财物，达到占有被欺凌者财物或者使被欺凌者屈服的行为。比如，有人通过抢夺、打骂、恐吓等手段，使其他同学交出或为自己购买学习用具、香烟、零食等物品；或通过强行索要钱财，使其他同学的财产受到损失。

在以占有为目的的财物欺凌事件中，欺凌者往往是比较强壮的学生，或者是社会上的闲散人员，一般表现为恃强凌弱。

面对力量强大的对方，有人受到恐吓后无奈地将身上的财物交出。其中大部分人会天真地认为对方会就此收手，以后不会再找自己的麻烦。恰恰相反，欺凌者尝到第一次“甜头”后，肯定会伺机进行第二次、第三次的索要，他们的胃口填不饱。

令人作呕的欺凌案

2017年6月，网络上曝光的一段1分30余秒的视频中，一名身穿绿白颜色校服的学生在厕所的蹲坑旁，用手抓起了坑内的粪便。尽管他对镜头外的人不停地带着哭腔说“饶了我吧”，但对方还是要求他舔手指。男孩受尽侮辱，细

节让人作呕。同时，拍摄者不时飙出脏话，并手持棍棒敲打被欺凌者。

视频在网络上传播后，有人辨认出受辱的学生来自北京市延庆区某中学。经调查，事件发生于上午课间，此前被害人多次被同班的几位同学索要钱财，累计 100 余元。

最终，7 名涉案学生构成寻衅滋事违法行为，其中 5 人被行政拘留并处罚款。2 名因不满 14 周岁免于处罚。同时，学校研究决定，对 2 人给予留校察看处分、4 人给予记过处分、1 人给予严重警告处分，对实施欺凌行为的学生的家长进行警示谈话。

警官释案：

当我们不幸碰到财物欺凌时，一定要恪守“生命第一”的原则，首先保护自己的生命安全，之后再与对方进行巧妙周旋。在不能绝对保障人身安全的情况下，可以先退让一步交出财物，之后再寻求可信任的成年人的帮助。切记，我们绝不能抱有侥幸心理，一再满足欺凌者的无礼要求。

当然，如果你有足够的力量和有效的方法，可以化解此类事件。但是如果感到自己的力量无法有效控制局面，必须以安全为重，巧妙周旋及时脱离现场。

司法大数据的警示

最高人民法院于 2018 年 9 月，发布了《校园暴力司法大数据专题报告》。对进入司法审判程序的校园欺凌案件进行了分析，这对欺凌者是重要警示。

截至 2017 年底，近三年校园欺凌案件呈逐年下降趋势，2015 年全国法院一审审结校园欺凌案件共计 1000 余件，2016 年案件量同比下降 16%，2017 年案件量同比下降 13%。近九成的校园欺凌案件受害者存在不同程度的伤亡情况，超一成案件受害者死亡。

2015 ~ 2017 年校园欺凌案件量柱状图

故意伤害案件超过半数

从案件类型看，超半数校园欺凌案件为故意伤害案件，其他如抢劫案、聚众斗殴案和寻衅滋事案等居多。

琐事引发校园欺凌案居多

校园欺凌案件中，一半以上是由口角、小摩擦等琐事而引发。因满足个人私欲进行抢劫、敲诈勒索、强迫卖淫、侮辱、强奸等犯罪行为的案件占到近两成。

涉及故意杀人罪的校园欺凌案件中，近七成因琐事而起，此外，21% 是因感情问题引起，约 5% 是为发泄个人情绪。

欺凌案件大都有预谋

校园欺凌案件中，有近五分之一的案件有事先谋划情形。在这些案件中，被告人实施犯罪目标明确、并进行了事前准备工作，其大部分原因为心怀怨恨或不满而进行打击报复。

宿舍在案发地中占比较高

校园欺凌案件，一般发生在较为隐蔽、不为成年人看到的场所。通过数据分析发现，近一半欺凌案件发生在学生学习和生活的场所，其中主要场所为宿舍和教室。

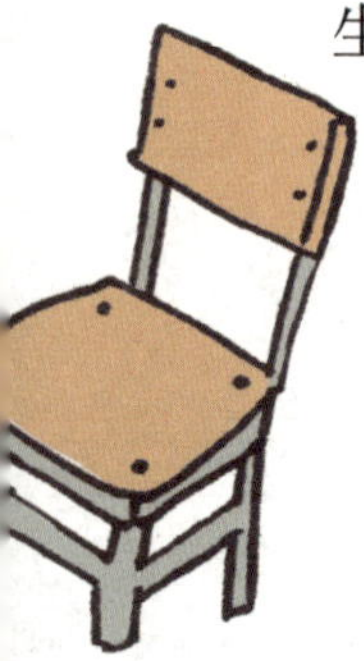

近九成案件存在伤亡

近九成的校园欺凌案件中受害者存在不同程度的伤亡情况。在校园欺凌案件中：超过 11% 的案件中受害者死亡；超过 31% 的案件中受害者涉及重伤；超过 38% 的案件中受害者涉及轻伤；超过 27% 的案件中受害者涉及轻微伤。此外，在校园欺凌案件中，超过 81% 抢劫罪的被告人为未成年人，其中以 16 至 18 周岁为主，另外，各类案件呈作案年轻化趋势。

小时候，我是个非常老实的男孩。
只是后来长得比其他小朋友强壮一些。
直到有一天
这是我们的位置，快滚开！
我让你吃雪糕！嘿嘿……
我跟你们拼啦！
那是我第一次打架
后来，我变得霸道，爱欺负人。
渐渐地我变得无法无天。
如果还有机会，我一定不再欺负人，现在后悔也晚了。

4

预防欺凌，我们时刻准备着

辱骂殴打、强迫脱衣、拍照侮辱……发生在校园的欺凌事件时有发生。在社会和学校不断加强防控力度的情况下，我们自身如何成长，是必须要面对的一个重要课题！有的同学能够正确应对，化欺凌于无形；有的同学不知所措，很可能会影响自己的成长，并留下长久的阴影。

积极而及时地应对校园欺凌，因人、因环境等不同，很难给出一个标准的答案。我们可以试着从养成自信、善交益友、学会解决冲突技巧和自我管理情绪等方面，加强预防欺凌。只要我们认清校园欺凌，令人烦恼的欺凌都会远离我们，我们甚至可以为他人提供一些帮助。

相信自己，充满正能量

如果我们坚信自己是一个有才华、有能力、有朋友、善于合作的人，不但不会去欺凌其他人，还能对抗欺凌者的攻击。我们越是充满自信、充满正能量，就越不容易被他人欺凌。

欺凌者选择对象时，面对自信而正能量满满的同学，他们会有所顾忌。更重要的是，如果我们建立起了自信和自尊，在碰到欺凌行为时，就不会一味地自责，还会自我给出答案：“这不是我的责任，是他们不对，只要坚持做正确的事，就一定能解决麻烦。”

建立足够的自信

如果我们没有强大的自信心，很可能会非常渴望得到他人的赞扬和评价。一旦碰到难缠的问题时，往往会习惯性地把原因归结于自身，不自觉地认为被欺负的原因是自己不够好。大量案例表明，因受到欺凌而责备自己的人更容易屈服于欺凌者，也更容易被攻击。

恰当而坚定地反驳

当遇到难以摆脱的问题时，我们还需要做出必要的反应——恰当而坚定地反驳欺凌者。当然，这种反驳应该是果敢的、恰当的、绝不能带有强烈的攻击性。很多父母所倡导的，那种不问青红皂白“打回去”的解决问题的方法并不可取。处于亢奋中的欺凌者往往为了表现自己，呈现出更强烈的攻击性。我们不能盲目地“打回去”，当然也不能消极乞求，不然会招来更严重的、持续的欺凌。

排解愤怒，尽快冷静下来

如果我们无缘无故被欺负了，肯定会感到十分愤怒，或者感到羞耻和无助。当自己的隐忍到了极点，有些人会暗暗下定决心，一定要给对方“好看”，瞅准时机用极端的手段解决问题。被欺凌者有这样的想法完全可以理解，但是，我们要学会克制自己的愤怒情绪，首先要让自己尽快冷静下来，想一想下一步应当怎么做。

产生愤怒是正常反应

欺凌事件发生后，我们往往对欺凌者以及那些协助者、旁观者产生愤怒和憎恨的情绪，这些都是正常的心理反应。比如，他们为什么会无缘由地欺负我，平时的好朋友为什么会转身走开？这些问题都可能困扰我们，这些都是正常的心理反应。

处理情绪的方式最为关键

没有必要压抑自己受到的委屈，应当及时向家长、老师、朋友寻求释放和表达感受。

——如果负面情绪不断积累会使自己失去理智，应及时调节不良情绪。

——要敢于直面来自外界的伤害，积极参加其他有益的校内活动、兴趣小组，转移自己的注意力，释放压抑已久的怨恨和消极的感受。

——相信自己或者在他人的帮助下，会找到妥善的解决办法，自己的学习生活一定会走上正轨。

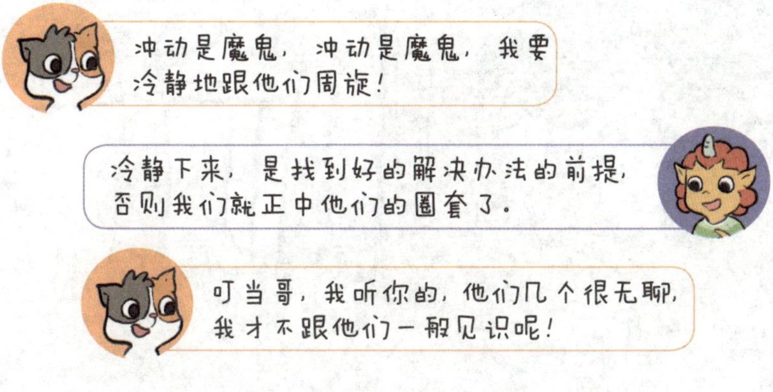

严格自律，践行良好品德

具有满满“正能量”的人，对校园里的“小霸王”具有天然的抵抗力。我们平时一定要严格自律、洁身自好，树立良好的外在和内在形象，形成乐观开朗、健康活泼、努力学习、干净干练的形象，在气质上让欺凌者不敢靠近，不给他们留下任何欺凌的借口。

我们应当努力做到以下十点：

1. 注意外在形象气质。穿衣戴帽端庄、得体、干净、大方，不那么另类的着装可以减少被欺凌的几率。

2. 行为举止落落大方。对于一些事物，敢于发表自己的观点和意见，敢于承认自己的错误言行，时间长了无形中便会被他人尊重。

3. 绝不做欺凌者，那是一个极不光彩的角色。当然，也不要做旁观者， 碰到欺凌行为要敢于用恰当的方式进行劝阻。作为被欺凌者，不要以欺凌对抗欺凌，防止自己成为一名让人生厌的欺凌者。

4. 尽量避免与有欺凌倾向的同学产生过多的接触和正面冲突，也不要刻意躲避，要学会与他们保持适当的距离。

5. 发现欺凌苗头时，尽量私下向老师反映问题，不给有欺凌倾向的同学留下“告密者”的印象。

6. 积极参加各种学校的学习小组、体育运动兴趣小组等集体活动，将自己融入大集体之中。

7. 不做过于卖弄和有意炫耀家庭富裕、父母地位、昂贵物品、学习成绩的事情，这样容易引起周围人的妒忌和反感，应懂得尽量规避。

8. 做一个知书达理的人，尊重父母、老师、长辈和同学，以友善、平等、谦卑的态度处事，绝不能盛气凌人。

9. 朋友之间要相互尊重，要以交流感情、相互帮助和促进学习为目的进行交往，任何的交往都不能以物质为基础，或者以共同的不良目的走到一起。

10. 坚决不以讹传讹，对于一些小道消息、同学早恋、丢失财物等不确定其真实性的内容，坚决不信、不传，不做伤害他人的事情。

哇！你这新游戏机真棒！
那当然，很贵的！
小军，帮我买瓶汽水去！剩下的钱算你的跑腿儿费！
我可不像亚明那家伙抠门儿，就知道欺负人！
这破东西有啥好玩儿的？
同学之间要团结友爱，相互尊重。
下次不准把游戏机带到学校，更不能炫耀！

学会交友，形成天然屏障

学会预防校园欺凌的发生，比事情发生后进行有效处理要容易得多。其中，一个重要的“招数”就是多交朋友，甚至有自己无话不说、关键时刻能够挺身而出的朋友。

当你或者朋友遇到危险时，身边的朋友可以通过劝阻、加入反抗、报告老师和家长、报警等方式，杜绝欺凌行为的发生。

形成和保持友谊的最佳方式

◎遇到可交的同学，敢于主动表达自己的友善和尊重。

◎在日常学习和生活中相互帮助，从一些“微不足道”的小事情做起。

◎交往中以友善的方式讲真话，否则你会失去朋友。

◎如果无意中伤害了朋友，要主动真诚地向对方道歉，并说明原因，及时得到谅解。

◎学会换位思考，常常站在对方的角度思考和处理问题。

◎当你的朋友亟需帮助的时候，你不要犹豫，一定要主动伸出援手。

◎与朋友常常结伴而行，这也是减少欺凌的最简单有效的方法之一。

◎如果你对朋友作出过承诺，一定要努力履行尽力实现，如果无法兑现应当主动解释道歉。

◎不要有意无意地在你的朋友面前炫耀自己，否则可能会引起对方强烈的反感。

◎最后一点：永远对你的朋友心存感激。

清除交友心理障碍

做一个值得交往的朋友和拥有朋友，是对抗校园欺凌的有利武器。对于一些性格开朗、拥有一定见地的同学来说，交友并不算一个问题。但是，对于个别性格较为内向、不善交流的人来说，就有一定的困难。他们喜欢独处，身边缺少真正的朋友。有的特别想交朋友，但缺乏一定的交友技巧，甚至存在一定的交往心理障碍。

我们一定要相信自己，只要我们阳光快乐、充满正能量，进而努力做出改变，“一定有需要我的朋友，我们一定能够成为相互帮助的朋友”。

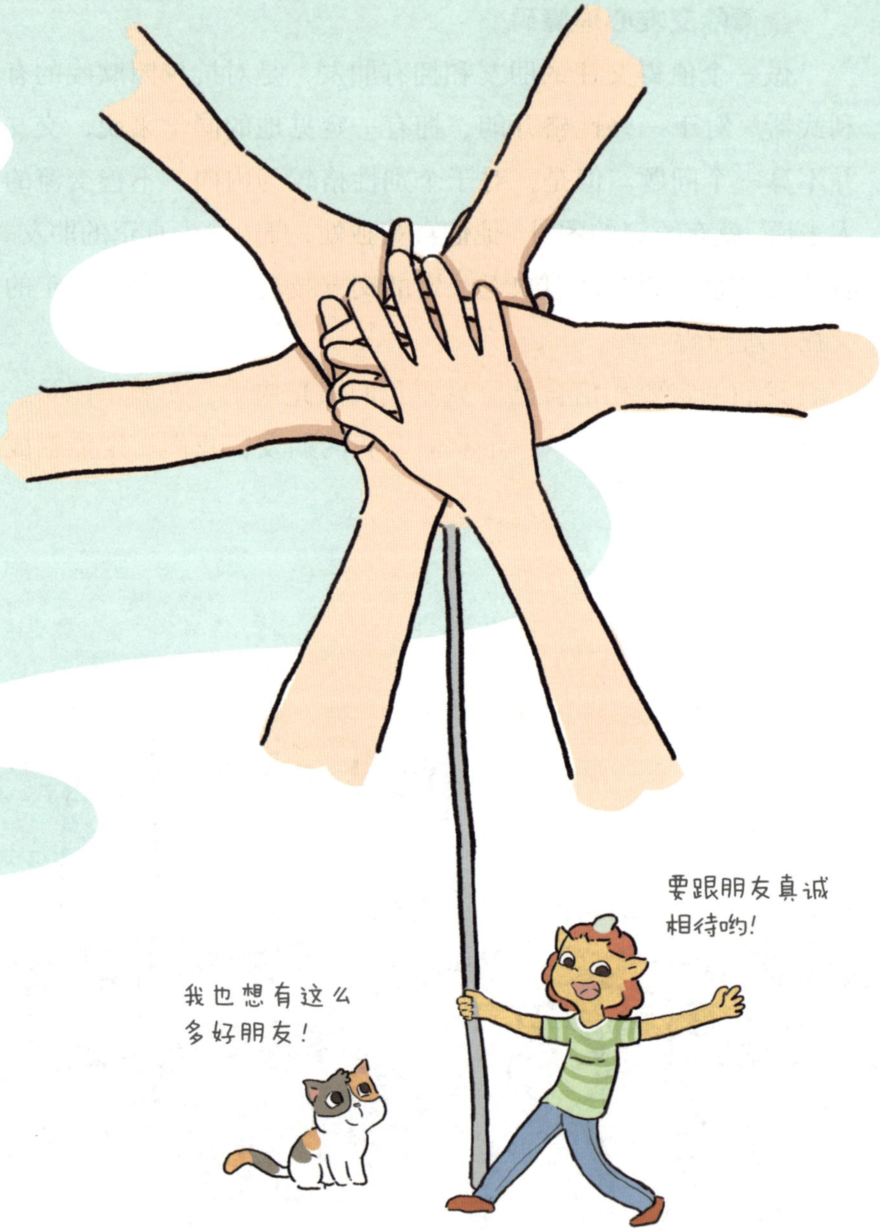
要跟朋友真诚
相待哟！
我也想有这么
多好朋友！

从有害的朋友中脱身

◎识别对方本性

辨识身边一个人是否值得交往有时候很难，有时也很容易。比如，他是否欺负过别的同学，他处理问题时是否很偏激，他是否喜欢动怒突然对同学大喊大叫，他是否喜欢顶撞老师和家长。这些行为和现象，都可以简单判定一个同学是否值得信赖和交往。

◎尽快巧妙脱离

如果不小心与不值得交往的人交了朋友，也不要大惊小怪。发现对方的不良行为倾向后，最好的办法是尽快远离他以及他身边的“伙伴”，而不应为暂时的安全环境而放弃内心的自己。如果一味迁就迎合，很可能酿成更大的不幸——你可能成为欺凌的参与者，或者一名冷漠的旁观者，要警醒。

◎敢于明确拒绝

“我绝对不会参与，这不是我想做的。”如果自己不小心与不良同学交往，而他要求你参与欺凌等不良行为时，你在确信能够保障自己的人身安全的前提下，应当敢于拒绝，或者通过巧妙的劝说尽力阻止欺凌行为的发生。即使你会失去面子和所谓的朋友，也要敢于拒绝！

为朋友勇于挺身而出

“用你希望别人对待自己的方式，去对待值得信赖的朋友。”我们都不希望成为欺凌者的对象，都不想被孤立、被排挤、被殴打、被起外号，那么当我们的朋友被这样无理地对待时，我们应当如何处置？我们在确保自己人身安全的前提下，要敢于挺身而出，仗义执言，甚至伸手解救处于危险境地的朋友。善于换位思考，站在对方的角度想问题，只有这样才能交到真正的朋友。

皮皮，你有要好的同学在一起吗？如果有为你两肋插刀的朋友，他们就不敢轻易欺负你了！

我要拥有好多好多朋友，我们一起上学、放学，绝不能成为不怀好意人的“猎物”！

5

正确应对，学会有用的招数

如果欺凌行为发生了，我们应该怎么办？对于一些突发的欺凌事件，在短短的几分钟里，我们很难及时做出正确的决定。但是，如果我们平时便对此有所了解，并有一定的处置预案，其结果肯定会大不一样。可以说，解决问题的方法，往往源于我们对生活中大小事情处理能力的积累和习惯性反应。

接下来，让我们一起讨论一些常见的应对欺凌的处置方法，我们一定会有所启发。

面对欺凌，我们该怎么办？

和平化解冲突

与同学们朝夕相处，发生一定的矛盾是成长过程中的“必修课”，没有什么大惊小怪的。关键是，发生矛盾后如何正确地处理，如何有效地化解矛盾，并以和平的方式妥善解决问题。特别是当我们面临欺凌风险时，需要我们保持足够清醒的头脑，切忌冲动，要学会运用智慧和平、妥善解决冲突。

给他吧，我们一会儿回来玩儿。
快点的！
三十分钟后
亚明，该我们玩儿啦！
给你这破球！
小浩你没事吧？
我带来了更多的球。

冷静处理

“让我们冷静一下，再讨论这个问题”

冲动是魔鬼。如果一旦发生校园欺凌的苗头，双方在周围人的鼓噪之下，很可能使事情发展到不可收场的地步。此时，双方都需要的是冷静。

“现在我们都有点着急，我们能不能冷静一下再谈这个问题？”

“这不是我的错，请你冷静一下，我们随后再讨论。”

面对突发情况，我们首先要有理有据地提出冷处理方案，这对于阻止欺凌行为极为重要。当好言劝阻都无法阻止对方的行为时，你可以判断欺凌事件很可能要发生了。

拒绝忍受

“我没有什么错，你这样做是不对的”

一个自卫者必须要有充分的自信，相信自己的言行正确、相信自己能够解决一些棘手问题。

“今天不是我们解决问题的好日子，改天我们写完作业了，再一起切磋一下。”

“君子动口不动手，我们可以找个评理的地方。”

有时，聪明地走开并不是软弱，而是解决问题的智慧。但是，如果一旦自己无法脱身，千万不要一味地忍让，而应大声告诉对方：“我没有什么错，你这样做是不对的！”

深入沟通

"我们没有矛盾，甚至可以成为朋友"

和平解决冲突的前提是诚实、尊重、友好。如果欺凌行为刚刚开始，你主动与对方进行深入沟通十分重要，一味退缩只能加剧对方实施欺凌的决心。

恰当地避免正面激烈的冲突后，千万不要认为事情结束了，而是要积极主动地以诚恳的态度，与对方进行深入沟通，进行正面交流，化解相互之间的矛盾。当然，这需要你平时就掌握一定的解决问题的技巧。

你为什么撞我！
我没有撞你！
撞了！
没有！
就是撞了！！
就是没有！！
撞啦！
没有！
你俩不要吵啦！冷静！
冲动是魔鬼！
放心吧，我们参加了"君子动口不动手"协会，刚才是正在练习。

小雪，我想问你个问题。
敢不理我，看我怎么吓唬你！
救命啊！
不许捉弄同学！
我要找大人帮忙！
同学之间友爱，可不能伤害对方。
我错啦！再也不敢啦！

理智反对“小霸王”

如果我们受到欺凌，或者看到欺凌行为正在发生，在确保我们自身安全的情况下，应当向欺凌者表明态度，直白地告诉他们：这样做是不对的，是绝对不可以的。

大部分欺凌者就是想看到你害怕、顺从、极度不安的样子，如果你稍稍表现出勇敢的样子，甚至是一定的反击态度，他们很可能自感无趣而走开。如果看到你被吓得浑身颤抖，正中他们的下怀，他们会肆无忌惮、变本加厉地实施欺凌。

情景体验

校车里

小霸王：让开，这是我的座位，你坐这里干什么？

被欺凌目标：虽然是我先占下的，但我可以让给你坐！

被欺凌目标的朋友：让给他，我们去那边坐。

提醒： 理直气壮地告诉对方，这个座位应当是自己的，但是本着友好的态度，可以让给对方。这样既让他看到你不好欺负，也可以尽量避免发生直接冲突。

我们走快点，争取第一个到校车上！
老师好！
好早啊！
这个位置不错！
这是我的座位！
给我起来！
我们是第一个上车的。你应该坐其他的座位。
我们换其他的座位，这让给他吧！
这边也太晒啦！

操场上

小霸王：抱着你们的篮球走开，我们要用场地！

被欺凌目标：我还真打累了，你们玩吧！下次你能不能说话客气点。

提醒：碰到这种不讲道理，而且十分蛮横的人，我们可以先避其锋芒，不要跟他们发生正面冲突，但是也要有理有据地亮明自己的态度：我不是害怕你，而是不与你一般见识，让你一下又何妨？！

教室里

小霸王：小胖子，来来来，帮我写一下作业。

被欺凌目标：我学习可不好，你自己完成作业更好。再说老师刚才还说，明天要特意检查我的作业呢！

被欺凌目标的朋友：他不叫“小胖子”，你应当叫他的全名。

提醒：很智慧地告诉对方，老师十分关注自己的学习情况，我必须完成好自己的作业。另外，告诉对方自己没有义务帮他完成作业。

上学路上

小霸王：把你的零花钱拿出来，一分也不要剩！

被欺凌目标：你不能要我的钱，这种行为是犯法的。而且我爸爸会知道这件事情的，他有一个朋友是警察。

提醒： 明确告诉对方，抢别人的钱是犯法的，你不能拿我的钱，而且自己的父母会追究这件事情。如果对方非常强势，那么临时放弃身上的财物，首先保障自己的人身安全。但是，事后我们一定要及时报告老师和家长，请他们处理这个棘手的难题。

面对“小霸王”时的忌讳

面对欺凌者，我们不要轻易表现出不安和胆怯，哪怕是眼神和脚步，否则欺凌会进一步升级。

不要与对方产生正面的语言冲突，“对骂”等解决不了问题。而是用不卑不亢的语气表明自己的态度，尽量不要激怒失去理智的欺凌者。

看到自己的财物保不住时，聪明地暂时放弃，但绝不能总是迁就和放弃，得到满足的他们一定会再次找到你。

一定要避免产生肢体冲突，欺凌者往往比我们强大或者已经结成团伙，一旦产生较为激烈的冲突，受到更大伤害的是我们。

恰当的自我防卫

面对校园欺凌行为，“以暴制暴”并不是一个正确的选择，但是我们必须要有反击的思想准备和一定的能力。特别是面对一些索要财物、殴打等暴力欺凌时，必要而恰当的自我防卫十分重要。简单地说，就是要做好进行恰当自我防卫的准备。

受到起外号等欺凌时

我们要保持一定的鉴别力，处理“起外号”等言语欺凌事件时，没有必要看得过于严重，也许真的就是一个玩笑而已，持续多次的此类行为才是言语欺凌。

面对稍显尴尬的场合时，我们可以含蓄地走开，或者与其进行一定的交流，并且告诉对方“你这样做是不对的”，并坚持理直气壮地做自己认为正确的事情。

如果我们能够一直坚持这样做，采取不卑不亢的态度，柔中带刚，策略得当，欺凌者一般会失去进攻的热情，注意力从你身边转移。

被索要财物等欺凌行为时

◎勇于反驳

面对被索要财物、轻微身体接触等极为恶劣，但还不至于造成身体伤害的欺凌行为时，我们要有胆量反驳对方的不合理要求。比如，告诉对方：“这是我的书包，你不能翻动。”“这件事对同学不好，我不能参与。”

◎敢于反击

直面欺凌者，我们要敢于亮明自己的立场，并且保护自己的财物。如果感觉到你的力量足够战胜对方，就直截了当地告诉对方：“这事不可以，不信你试试看！收起你的棍棒，要不叫你好看。”

◎暂时放弃

生命安全永远是最重要的。在财物与危险之间，我们一定要选择暂时放弃财物，保护自己的人身安全，寻求事后解决。一时的放弃并不是委曲求全，这只是一个策略。

遭受殴打等暴力行为时

◎迅速脱离

如果我们碰到一个或者一群失去理智的人，围着自己扇耳光、踢踹、捆绑、推搡等时，迅速脱离或者“逃离”现场是最重要的。

◎保持气势

我们如果一时无法脱离危险的现场，在气势上不能软弱，目光要坚定，保持沉着冷静，腰杆也要挺得笔直，传递出“我也不好惹”的信息，或者直接告诉对方“你这样做是不对的”。

◎暂时妥协

面对穷凶极恶的欺凌者时，不要一味地强硬，适当地暂时妥协很有必要，比如，跟对方述说一下平时的友情等，以较为温和的方式寻找摆脱危险的最佳时机。

◎保护自己

当遭到暴力欺凌时，我们一定要注意保护好自己的头部、胸腹部等身体要害部位，并随时寻找机会脱离现场。同时，我们要利用一切机会寻求救助。

◎择机反击

如果我们有足够的身体条件和力量，可以对欺凌者进行直接反击，简单而有效地“打回去”。当然，我们也要注意掌握一定的尺度，不能防卫过当。

你们别欺人太甚啊！把我逼急了我什么都做得出来！
那我就把你逼急了，看你能做出什么来！
你……你……你们要……要怎样？！

你不是说把你逼急了什么都能做出来吗？那你把这道数学题做出来给我看！
嗯，做啊！我俩做一下午都没做出来。

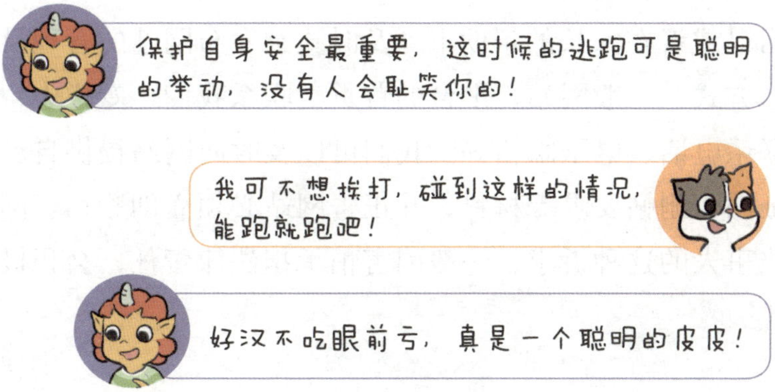

面对网络信息欺凌时

随着便携式上网终端等设备的普及，网络欺凌现象越来越多。如果我们一旦发现网络上有对自己不利的帖子、文章、评论等内容时，我们要及时维护自己的权益，使危害和影响降到最低。

◎发现

当听到或者看到网上有关于自己的内容时，要保持高度警惕，比如造谣、污蔑的文章和帖子，并及时做出文章是否针对自己、内容严重程度等判断。

◎告诉

及时向所在学校和班级老师反映情况，并提供详细的投诉材料。如果我们能够及时在老师和同学的帮助下找到发帖人，要理直气壮地与其进行直接交流沟通，明确要求删除帖子。如果对方坚持不删，告诉对方自己正在收集证据，准备向法院起诉。

◎删帖

自己或者在家长的帮助下，及时找到发布网站的管理员或者联系方式，一般网站、平台的首页“联系我们”专栏中，会列出联系电话、电子邮箱等。我们可以及时向网站提供自己的身份证明、删帖要求等材料，并正告网站必须立即删帖。网站对于当事人的这种诉求，一般因害怕承担法律责任，会积极妥当处置。

◎起诉

如果发帖人不予理会，网站等平台不能积极协助解决，我们要及时对相关内容进行拷贝和复制，收集详细的证据材料，在家长的帮助下对发帖人、网站平台等提起法律讼诉。

为了减少网络信息对我们的伤害，还可以理智而安全地采取一些保护自己的措施，以使自己远离网络欺凌和其他的威胁。

当我们在论坛、微博、微信、抖音、火山等网络平台上，发布或者分享相关内容时，一定要进行仔细思考，不要发布不良信息。

一定要保护好自己的隐私，慎重考虑位置、附近的人、陌生人等隐私设置功能，选择恰当而安全的自我保护措施。

在使用网络过程中，对于一些带有威胁性、无用的信号，以及来自陌生人的信息应提高警惕，一般不予回复。

在使用网络交友工具时，有必要及时删除和屏蔽一些无聊的聊天者，纯洁自己的朋友圈。对于有明显不良倾向和不良企图的网友，及时将对方“拉黑”。

在网络平台上分享的一些照片和视频，很可能成为欺凌者的工具，我们一定要慎重使用位置共享等可能暴露自己行程和准确位置的功能，以免自己的信息被别有用心的人利用。

网络可不是没人管的噢，发现对我们不利的帖子时，第一反应就是要找管理员删除！

如果他们坚持不删呢？

收集好证据，再次郑重警告网站必须尽快处理，否则就起诉他们！

迅速离开现场

注意与欺凌者保持安全的距离，在一定程度上可以减少欺凌发生的概率，但这并不是解决问题的根本办法。如果与他们在校车里、学校走廊里、操场上、厕所里偶遇，或者他们有计划地“找”上门来，我们应该如何处理呢？此时，“迅速离开，脱离现场”最为重要，但必须注意以下几点：

◎结伴同行

如果我们在某一刻感知到了欺凌的危险和迫近，感到可能有人“关注”自己时，特别是在上学路上、操场、厕所等相对隐蔽的地方，一定要尽可能与要好的同学结伴而行。当然，我们也要尽可能地出现在成年人的视线之内。我们结伴同行，欺凌者往往会放弃行动。

◎及时求救

当发现有不怀好意的人向我们靠近时，在条件允许的情况下马上通过手机向家长和老师发出求救信息，或者与远处的朋友高声打招呼，想方设法引起周边人的注意。如果旁边正好有人聚集，不管我们是否认识，都可以利落地向人多的地方移动或者跑去，使欺凌者无机可乘。

如果感觉到非常危险，可以拨打“110”报警，如果不便直接求救，可以拨通手机后放入口袋，使对方可以听到现场发生的一切。

◎迅速逃脱

如果我们不幸被欺凌者堵住，或者被围在一处狭小的空间一时无法脱身时，我们要对困难情况有一定的思想准备。我们不能任由事态发展，可以机敏地使用一些迅速逃脱现场的技巧。比如，通过交流转移欺凌者的注意力，寻找最佳时机逃跑，或者拖延时间等待成年人的帮助。

你可以尝试说的话

- 我听说学校正在调查一起打架事件，跟你没有关系吧？
- 前一段时间，我们学校里装了监控摄像头，你听说了吗？
- 我约了几个同学星期六去郊游，你参加吗？

当我们感受到欺凌危险，特别是严重的身体伤害时，最重要的是脱离现场。

这好难啊，他们会围着我不让跑！

这就看你平时有没有学过逃脱技能了，让我们一起来练习一下。

善于求助

为什么有的同学不愿意“告诉”？

大多数欺凌事件发生后，欺凌者竭力进行掩盖，而被伤害者由于各种原因不愿意公开，使欺凌事件隐藏在看不见的角落。对此，父母和老师可能根本不知道发生了什么，甚至把欺凌行为当成同学间的“小矛盾”，只有当恶劣的欺凌事件被曝光后，大家才得知真相 。

我们有必要剖析一下，为什么一些受到极大伤害的被欺凌者，不愿意将事件告诉家长和老师？

为受到欺凌而感到羞耻。很多受到伤害的同学本身是一个正直而富有爱心的人，他们从来没有欺负过别人。他们无法理解为什么自己会受到无缘由的欺凌，内心深处往往对自己产生怀疑，并感到羞耻。

担心遭到更大报复。大部分欺凌者会反复警告并进行蓄意威胁，要求被欺凌者不能将此事告诉家长和老师，否则会实施更大的伤害。

片面相信成长谎言。有人片面地认为“被欺凌是成长的过程”。被“为什么同学单单欺负你”“这是成长过程中的小插曲”

之类的谎言所迷惑。当欺凌行为不断持续，自己无法应对时才感受到问题的严重性。

曾经说过谎。为了掩盖因校园欺凌带来的成绩下滑，或者情绪的巨大变化、身体受到的伤害，自己可能曾经对家人和老师说过谎。面对更大伤害时，怕自己不能自圆其说，对自己的遭遇总是试图掩盖。

认为成年人越帮越忙。有一些受到伤害的同学，认为成年人不但帮不上忙反而会添乱。他们往往认为，“小孩子的事自己解决，成年人也帮不上什么忙，甚至会越帮越乱。”

当大人们真正了解我们受到的伤害时，他们肯定会站在我们这一边！

噢，那以后谁再敢欺负我，我一定会寻求帮助的，不让他们再打我的主意！

如何告诉他人，寻求帮助

面对飞扬跋扈的欺凌者，我们不能只表现出无助和绝望，或者是简单地打回去，我们应当将自己的遭遇告诉值得信任的成年人。面对欺凌，当我们无法用自己的力量解决时，一定要积极寻求外界的帮助。

寻找可依赖的人。至少我们可以勇敢地告诉家长和老师，或者自己最亲密的朋友。不要刻意地掩盖，而是要敢于告诉对方自己的困难处境，明白无误地陈述发生的事实。

想好具体的内容。谁，在哪里，什么时间，对自己做了什么，这些是最基本的告诉要素。当然，最好能把自己的感受和受到的伤害进行详细描述，以便成年人做出正确而及时的判断。

哪些情况，必须向他人求助

原则上所有的欺凌行为，当我们无法恰当地解决时，都应当寻求外界的帮助。如果发生如下情形，我们不能再犹豫不决，而是坚决而迅速地寻求外界的有效帮助：

◎自身陷入困境，凭自己的能力已经无法摆脱，“压力山大”时。

◎如果欺凌行为没有停止的迹象，而是变得更加严重，甚至危及自身安全，自己难以控制时。

◎已经发展到无法正常上学和生活，甚至出现抑郁倾向时。

◎发现欺凌行为中出现棍棒、刀具等伤害性极强的作案工具，或者出现邪教、毒品时，必须及时向学校老师、警察等寻求帮助。

◎遇见重大欺凌事件，自己的身体受到伤害，或者不断受到严重威胁时，我们要在家长的帮助下勇敢地拿起法律武器，维护自己的权益。

以暴制暴，我可以立即反抗，“打回去”吗？

受到欺负后，有一些气愤的家长可能会着急地说“你为什么不打回去”“你就这么笨吗”。其实“以暴制暴”并不是解决问题的最好办法。因为，欺凌者选择的对象很可能相对弱小，被欺凌者可能仅凭武力打不过他们。另外，对打的结果很可能是双方都受到伤害，而且自卫的尺度很难把握，如果防卫过当，还会触犯法律。

让我们冷静下来，思考一下眼前的复杂局面，尽量回避欺凌者的锋芒，想方设法离开现场。之后在成年人的帮助下阻止欺凌行为的升级。

面对具有暴力倾向的欺凌行为时，在获得帮助前尽快离开现场是最好的选择。

6

做正义的见证者、守护者

如果我们时刻想着如何防范和躲避校园欺凌，怎么可能安心过好校园生活呢？如果班主任老师把主要精力都放在处理校园欺凌事件上，怎么会把课讲好呢？校园欺凌事件已经对学生产生了很大的影响，我们每个人都必须正视它的存在。

当欺凌事件发生时，容易被忽视的旁观者其实对整个事件影响巨大。但是，我们往往没有认识到作为一名旁观者的力量。事实上，旁观者也是受害者，他失去了校园生活的安全感。他们更没有认识到，自己的举止和语言可能会改变正在发生的一切。旁观者完全可以成为阻止欺凌事件发生的重要力量，坚持正义，采用巧妙的方法劝阻或者阻止事件的发生和发展。

让我们携起手来，与校园欺凌行为做斗争，做正义的见证者、守护者！

做一个勇敢的旁观者

不勇敢的理由

欺凌事件发生时，总会有不想干涉的旁观者。下面让我们一起分析旁观者“不勇敢”的理由。

◎发生的事情与自己无关

一些家长教育孩子时，要求“与自己无关的事尽量躲开”。在欺凌者的强势和影响下，旁观者选择了冷漠的不干涉态度，选择默默地离开现场。

◎处理不好可能引火烧身

面对欺凌发生的复杂情况，一般同学很难找到正确而恰当的解决方法。如果简单介入，即使阻止了欺凌的发生，也很可能面临事后的报复，甚至成为下一个被欺凌的目标。

◎不知所措之下放弃帮助

欺凌事件发生后，大部分同学在不知所措的情况下，放弃了对被欺凌者的帮助，任由欺凌行为的发生和发展。

我们要勇敢地说“不”

在一起欺凌事件中，我们很可能不是直接的参与者，而是一个有意无意的旁观者。比如，看到了事件的整个过程，或者参与了围观，或者转身离开了现场。其实，你在这个过程中，很可能无意间起到了助长欺凌者气势的负面作用。

正义的力量无比强大，作为一名旁观者我们还有一个重要使命，那就是勇敢地站出来——**利用自己的力量，努力帮助被欺凌者**。当然，帮助并不是“以暴制暴”，而是在保护自身安全的前提下，采取恰当、正义的措施。

勇敢地劝说

作为一名旁观者，当发现实施欺凌的人是自己的朋友时，你可能感觉到尴尬，甚至重新考虑与他的友谊。此时，我们应当站出来做点什么。比如，直接而勇敢地劝阻他：

◎欺负别人是一种极其恶劣的行为，你应当慎重考虑自己的行为。

◎我们一直是要好的朋友，但是我并不喜欢和支持你欺负他人，请你尽快停止自己的不良行为，我们依然还是好朋友。

◎我很乐意跟你交朋友，但是我不会和你一起欺负别人。

作为实施欺凌者的朋友，你更有责任劝阻事件的发生，这样既是对朋友的责任，更是对欺凌者的帮助。

如果我们只是偶尔看到了事件的发生，绝不能在旁边起哄，而是要善意地提醒欺凌者：这种行为不可取，应当尽快停止伤害。如果我们有足够的力量，可以大吼一声：“你们不可以这样做！”

巧妙地报告

我们在寻求帮助或帮助他人时，可能会考虑“这是不是在告密”“暴露自己会不会受到打击报复”等问题。对此，我们可以通过一些小技巧，达到向老师“告诉”的目的。

◎给自己的老师、校长写一封匿名信，或者发一封电子邮件。

◎通过自己的“盟友”或者朋友，向老师进行反映。

◎写一个请老师关注校园欺凌的便条，放在准备上课的讲台上，请老师关注和强调这个行为的危险。

◎如果必须当面向老师反映时，一定要在单独相处的环境下，确保周围没有人看到。

我看还是不要告诉老师了，被亚明发现就糟了。
别怕！我有个好办法！
我把事情写在纸上。
然后藏在老师的讲台。这样他就不可能发现啦！但老师能看到。
叫家长！

勇敢地作证

当我们在现场无力帮助那些受欺负的同学时，请把事实用一定的方式告诉成年人，或者事件的调查者，这样可以让事态在一定程度上得到控制，甚至追究欺凌者的法律责任。

请记住：如果你看到了什么，在需要的时候一定要实事求是地告诉求证者。

适时地走开

大部分欺凌行为发生时，欺凌者会向周围的人炫耀，从而获得自我满足感。面对这种情况，作为旁观者如果进行迎合，便释放了一个错误的信息：支持这种欺凌行为。

我们千万别给他们这样的误解，如果我们不能阻止欺凌事件的发生，那我们在告诉对方“你不能这样做”的同时，勇敢地走开，这就意味着“观众”消失了。如果没有人参与围观，欺凌行为往往会停止。这时，你其实已经是一位勇敢的反抗者了！

“观众”没有了，演员表演就没有意义了，我们马上走开，大部分欺凌行为也就会终止了！

再碰到有人炫耀欺凌别人时，我不当观众了，至少我会勇敢地走开！

凝聚的力量很强大

“粉色衬衫”行动

只要大家联合起来，就能凝聚起反对校园欺凌的磅礴力量。加拿大“粉色衬衫”活动，就是一个很好的例子。

加拿大新斯科舍省剑桥中央国王中学一名 9 年级的学生查尔斯，在开学第一天穿了一件粉色的衬衫，从而遭到了校友的殴打威胁和性侮辱。

此前两名曾受到过欺凌的 12 年级的学生知道此事后，购买了 50 件粉色衬衫，在网上号召校友们加入他们的“粉色海洋”行动，共同穿着粉色衬衫来抵抗欺凌。第二天，上百名学生都穿上了粉色衬衫。当查尔斯走进学校的那一刻，他感受到了来自同学们的强大力量。从此，再也没有人对查尔斯进行欺凌。此后，这个向欺凌宣战的活动，席卷整个北美洲。

另一个真实的案例也给我们启示。

在北京市一所区重点高中，当一个孩子有欺凌他人的倾向，并实施了给同学起外号等轻微欺凌后，几位同学有意无意地站了出来，在公共场所对其进行了适当的疏远。老师看出苗头后，在全班也隐讳地提醒这位同学“同学之间应当友爱，绝不允许有人受到不公正的对待”。

就这样，在大家的共同努力下，一场潜在的欺凌行为化为无形，那位同学收敛了自己的不良行为。

从以上两个例子可以看出，当一个群体都愿意对恶劣的欺凌行为说“不”，并采取正确的处置方式时，校园欺凌的恶性循环即可被彻底打破。

后记

十几年前，我在检察日报社担任编辑记者期间，涉及青少年的两次采访对我触动极大。

在河北省武安市人民检察院采访时，检察官告诉我一起刑事案件：高考前 3 天，8 名同学聚餐时与另外 3 名同学相遇，餐后在饭店门口三句话不合，双方动起了手。最终，8 名同学将对方一人打成轻伤，另外 2 人打成轻微伤。案发后，得知需要承担刑事责任，很可能参加不了高考，他们都哭红了眼。鉴于 8 人均为未成年人，双方家长也达成了和解协议，检察院慎重研究决定附条件不起诉，让他们参加高考。当年，涉案的 6 人高考中榜，另外 2 人决定复读。

不能说涉案的同学就是“坏孩子”。但是，他们的确没有起码的法律意识和对法律的敬畏之心。此后，我到浙江省慈溪市人民检察院采访时，一组数据让我吃惊：当年该院共起诉 2100 余起刑事案件，涉及未成年人的案件竟然达到了 700 起，占到了全部刑事案件的三分之一。

有人犯罪、有人被侵害，为什么青少年涉案率如此之高？从此，我暗下决心一定要为青少年普法做点什么。2009 年 7 月，我自告奋勇负责检察日报社下属正义网的普法宣传版块工作。在摸索中学习和探索，一晃十几年过去了，我和同事们精心策划建设了 300 余个普法教育基地，其中青少年教育中心近 60 个，可以说每一个宣传中心都倾注了自己的心血。每次看到同学们参观时一双双渴求法律知识的眼睛，都让我无比激动和满足。力所能及让青少年体验一堂生动的法治课，学到哪怕一丁点法律知识和自我保护常识，就等于实现了我久违的心愿。

2020 年初，调入中国出版集团研究出版社工作后，我离书更近了一步。此时，正值新冠肺炎疫情暴发，我也有了一段难得的闲暇时光。为青少年普法做点什么的想法再次萌生。在“毛毛猫工作室”尹戈老师的帮助下，“独角兽”青少年普法美绘读本开始构思，读本力图以生动的形式，通过简洁的文字、漂亮的插图，展示相对枯燥的法律知识。

青少年校园欺凌、网络犯罪、涉毒犯罪，是我从事编辑记者和普法宣传工作中，较为熟悉和资料积累较多的领域。在各位领导和老师的鼓励和帮助下，我终于迈出第一步，推出了 3 册“独角兽”青少年普法美绘读本。美绘读本能够顺利完成，得益于新老同事的大力帮助和支持，责任编辑许宁霄、美术编辑亚南两位老师，以及尹戈、畅强、李圆、吕亚光几位老师都为此做出了巨大贡献，在此一并谢过。

行百里者半九十。今后我将继续在青少年普法的道路上走下去，与志同道合的有识之士一起，推出绘本与融媒体相结合的喜闻乐见的作品，力争使法律以活泼、生动、通俗的形式走进青少年的世界，为大家树立法律意识、学习法律知识、提高自我保护能力尽自己的微薄之力。

本书还有诸多不足之处，敬请斧正。

赵利民